岭 表 撷 英

广东省文物鉴定站 编

文物出版社

封面设计　张希广

责任编辑　王　铮

责任印刷　陆　联

图书在版编目（CIP）数据

岭表撷英/广东省文物鉴定站编. －北京：文物出版社，2008.10

ISBN 978-7-5010-2409-4

Ⅰ.岭…　Ⅱ.广…　Ⅲ.文物－中国－图集　Ⅳ.K870.2

中国版本图书馆CIP数据核字（2008）第007406号

岭 表 撷 英

广东省文物鉴定站　编

*

文 物 出 版 社 出 版 发 行

（北京东直门内北小街2号楼）

http://www.wenwu.com

E-mail:web@wenwu.com

北京盛天行健印刷公司印刷

新 华 书 店 经 销

889 × 1194　1/16　印张：19.5

2008年10月第1版　2008年10月第1次印刷

ISBN 978-7-5010-2409-4　定价：330.00元

目　录

改革开放三十年广东打击走私、盗窃和非法交易文物大事纪略

广东省文物局

文物是不可再生的民族文化瑰宝，是祖辈留给我们的文化遗产，值得我们永久珍惜，传之永恒。改革开放以来，广东各级文物部门与海关、公安、工商等执法机关密切合作，严厉打击走私、盗窃和非法交易文物等犯罪活动。2001年6月15日，广东在全国率先成立了由省文化厅、省公安厅、省工商局和海关总署广东分署组成的省打击文物犯罪协调小组，建立了联席会议制度，形成了较为完善的打击文物犯罪的新机制。2001年10月23-26日，省文化厅承办了由联合国教科文组织资助、国家文物局主办的"中国防止非法贩运文化财产研讨会"，来自联合国教科文组织、国际海关组织、国际刑警组织的官员和国内公安、海关、文物部门的50多位代表参加了研讨会，发表了《深圳共识》。这是继1997年联合国教科文组织资助中国在北京召开同类研讨会之后的唯一一次中国防止非法贩运文化财产研讨会。2003年9月30日，省文化厅与省公安厅联合印发了《关于今年我省连续发生文物被盗案件的情况通报》，要求各地文化局、公安局提高对文物安全工作重要性、紧迫性的认识，加强部门合作，尽快侦破盗窃文物犯罪案件，加强文物安全防范体系建设和制度建设，加大文物法宣传工作。通过密切而有效的合作，广东各级执法机关依法没收、追缴了大量属于国家的文物，广东省文物出境审核机构严格把关，防止了大量文物流失出境，为保护祖国文化遗产，做出了卓越贡献。他们的功绩，值得永志不忘。

建国后至改革开放前，民间对外交往少，罕见走私文物和非法贩运文物活动。20世纪80年代后，由于广东毗邻港澳，海岸线长，对外交流活动频繁，人员和货物进出境数量大，逐步成为全国走私、贩运和非法交易文物的重要地区之一。走私文物的方式从最初的旅客少量携带发展为通过货运、邮运或速递渠道大批量走私。走私文物的活动一直没有间断。1982年8月-1993年6月，拱北海关及其属下各海关查获走私文物21宗9513件。1988年1月25日，广州海关石牌办事处查获走私文物978件，其中禁止出境文物567件。1989年5月23日，汕头市公安局水上分局查获走私文物1379件。1990年3月30日，广州海关内港办事处查获走私文物2217件，其中禁止出境文物1510件。1991年11月，深圳文锦渡海关查获走私文物1000多件。1997年初，深圳海关邮办处首次在出境邮件中

查获走私文物185件，其中珍贵文物36件。1997年10月，广州白云机场海关查获珍贵动物化石16箱110多件。1998年10月，深圳皇岗海关查获鱼类及植物类化石51箱6032公斤。1986年–1994年，香港执法机构通过新华社香港分社向国家文物局移交了走私出境的文物7858件，其中部分存放在广东省博物馆、广州博物馆、深圳市博物馆和西汉南越王博物馆等单位。1999年6月，广州海关向省文化厅移交文物22886件，其中二级文物28件，三级文物404件，是全省执法机关向文物部门移交文物最多的一次。2001年9月5日至10月23日，深圳海关将依法没收、追缴的18011件文物移交给省文化厅，并于10月23日在深圳举办了文物移交暨共同打击文物走私犯罪合作备忘录签字仪式。2001年11月17日至12月30日，拱北海关将1988至2001年依法没收、追缴的15573件文物及标本移交给省文化厅，并于2002年2月5日在珠海举办了文物移交仪式。2006年9月26日，深圳海关再次向省文化厅移交文物13910件、化石9433公斤。2004年，省文化厅与省公安厅合作，查扣了某公司准备申报出口的45件金元时期珍贵墓葬彩绘石雕，其中一级文物4件，二级文物18件，三级文物23件，查扣如此多的高级别文物，为全省历年之最。

走私文物诱发了盗窃、非法交易文物活动。1982-2000年，广州市文化、公安、工商部门先后7次联合对清平路、丛桂路等旧货市场进行清查，共查处非法交易文物3000多件。2001年，省文化厅与省经贸委、省公安厅、省工商局、海关总署广东分署部署我省整顿规范文物市场秩序工作，取缔了一个非法交易市场，撤销、关停了一个逾期年审的市场，取缔超范围经营文物监管物品的经营者百余户，暂扣涉案文物85件。1986年5月，广州市公安局侦破以谭青平、黄乃超为首的特大文物犯罪案，查获文物3643件，古钱币近万枚，其中珍贵文物192件。1986年–2000年，南澳、惠东、湛江、德庆、增城、博罗、从化、乳源等地发生过古墓被盗案件，近百座古墓葬被毁。2000年8月8日，乳源县博物馆在文物普查时发现该县泽桥山40多座汉至宋代墓葬被盗，是建国以来广东最严重的古墓被盗案，该案被公安机关侦破。2000年11月14日，省级文物保护单位广州南海神庙收藏的东汉铜鼓被盗。该铜鼓直径138厘米，高77.4厘米，是全省馆藏最大的铜鼓。2006年12月23日，为落实张德江书记批示，景李虎副厅长会同省公安厅、广州市文化局有关人员赴广州市增城调查省级文物保护单位湛若水墓及其家族墓受损事件，听取了当地政府、文化、公安部门有关负责人的工作汇报，提出了保护管理要求。省文物局先后4次派人到增城市检查湛若水墓及其家族墓情况，约见增城市文化局有关人员、施工方、湛若水后人等协商有关事宜，督促增城市就湛若水墓周边环境整治及湛若水家族墓遭破坏情况提出整改方案，省公安厅、省文化厅还成立了联合督查组，对整改情况进行跟踪。2006年11月，潮州市潮安县彩塘镇金一村全国重点文物保护单位从熙公祠门口屋檐下2块石雕构件被盗，省文物局配合省公安厅派人到现场联合督办，经过1个多月的缜密侦查和调查走访取证，于2007年1月9日抓获正在交易赃物的3名犯罪嫌疑人，被盗的2块石雕构件被追回，同时查获汕头市被盗木雕一批。2007

年4月，省文物局积极配合公安机关侦办流失美国恐龙蛋化石案件，省公安厅刑侦局及韶关、南雄市公安局多次远赴江西、北京等地，不辞辛劳，行程几千公里，抓捕了3名犯罪嫌疑人，缴获大量的恐龙蛋窝化石及贵州龙化石，为保护恐龙蛋化石发挥了重要作用。经省文物鉴定站鉴定，该批化石中有一级化石3件，二级化石88件，三级化石43件。2007年6月9日，广东省文物保护单位罗定文塔内的2件清代铁钟被盗，接到情况报告后，省文物局配合省公安厅，迅速派人赶赴现场，联合督办案件。经过长达两个多月的全面细致侦查，辗转粤、桂、湘三省，行程过万里，于8月24日抓获8名犯罪嫌疑人，追缴被盗文物古钟10个（二级文物5件、三级文物3件、不定级2件），香炉钵2个，陶瓷壁画2幅，缴获盗墓用的金属探测仪1个，微型小汽车1辆，彻底打掉这个盗窃文物团伙。公安边防部门还为保卫"南海Ⅰ号"和"南海Ⅱ号"，默默工作，付出了大量劳动。文物与公安部门的精诚合作，震慑了犯罪分子，为有力打击文物犯罪活动发挥了积极作用。

为表彰先进，1984年春，省文化厅、省公安厅、省工商行政管理局和海关总署广东分署联合在省博物馆举办了《反文物走私斗争成果展》，同时召开了"反文物走私斗争表彰大会"，对47个打击走私文物活动有功的单位进行了表彰。1987年4月，公安部刑侦局、国家文物局在广州市公安局召开侦破特大文物案表彰会，全省有17个单位受到表彰。同年7月13日，省人民政府发出了《关于坚决打击盗掘、走私文物活动的通知》。1990年9月，省文物管理委员会召开会议，对打击文物犯罪活动有功的33个单位进行了表彰。

建国后，广东一直是国家文物出境鉴定管理的重要口岸。1950年2月5日，省人民委员会发出通令，要求全省各地严密防范、防止文物偷运出口。1950年10月24日，政务院颁发了《禁止珍贵文物图书出口暂行办法》。这是建国后中央政府颁发的第一个文物保护法令。50年代的文物出境鉴定及管理工作由省文物保管委员会负责。1960年7月12日，文化部、对外贸易部发出《关于文物出口鉴定标准的几点意见》，明确了文物出口鉴定标准和禁止出口文物的时限和品类，初步确立了中国的文物出口许可制度，为保护我国历史文化遗产发挥了重要作用。同时，确定北京、天津、上海、广州为全国文物出口的4个口岸。1960年9月14日，经国家文物局批准，广州市文化局接管广州口岸文物出口鉴定管理工作。1963年1月22日，省人民委员会通知要求全省经文物主管部门鉴定钤盖火漆印的文物出口业务，统一由工艺品进出口公司办理。1977年12月10日，广州口岸的文物出口鉴定工作移交省文物管理委员会（与省博物馆合署办公），鉴定专家大多从省博物馆抽调，对外使用"广东省文物出境鉴定组"名称。1982年1月3日，省编制委员会批准设立省文物管理委员会办公室，内设文物出境鉴定组。1986年1月6日，省外事办公室、省文化厅和省文物管理委员会同各有关单位印发了《关于外国人携带文物出入广州口岸的规定》，明确了外国人携带文物出入广州口岸的具体办法。1994年4月26日，省文化厅批准成立省文物鉴定委员会，负责省内馆藏文物、捐赠文物和罚没文物的鉴定、定级、评定价值等工作，与国家文物出境鉴定广东站合署办公。1994年8月4日，国家文物局发出《关于审定文物出境鉴定团体资格的通知》，广东省文物鉴定组获得文物出境鉴定团体资格，获准使用"国家文物出境鉴定广东站"的名称履行文物出境鉴定任务。1995年4月20日，国家文物局、海关总署印发了《暂时入境复出境文物管理规定》，国家文物出境鉴定广东站被准予办理暂时入境复出境文物手续。1997年1月，成立广东省文物鉴定站，同时挂国家文物出境鉴定广东站牌子。2007年，在广东省文物鉴定站成立10周年之际，被国家文物局授予"全国文物进出境审核工作先进集体"荣誉称号。

广东省文化厅资助广东省文物鉴定站组织出版这本图录，旨在褒扬与记录各执法机关和文物工作者为保护祖国文化遗产做出的卓越贡献，纪念改革开放三十周年广东在打击文物犯罪工作中取得的丰硕成果。

2008年8月8日

国宝的拯救——广东执法部门抢救文物的回忆

宋良璧

　　广东地处祖国南方边陲，海岸线长，又是对外贸易的必经之地，素有祖国南大门之称，解放以来不少古陶瓷、书画、工艺品经广东各口岸出口。特殊的地理环境也给文物走私可乘之机。一些不法之徒想尽一切办法偷运文物出境，也必然加重了广东海关、公安、边防等执法部门的负担。在打击走私文物出境的犯罪活动中，广东各地的执法部门做出了卓越的贡献。

　　我原是广东省博物馆保管部主任，1978至1981年为省文管会第一任文物鉴定组组长，1992年离休后又被广东省文管办聘为文物鉴定员，从事和参与对各类文物的鉴定审核工作时间前后达数十年之久。当时省文化厅为加强省博物馆的建设，充实省馆馆藏，决定从截获收缴的涉案文物中择优调拨入藏省馆，省文物处文管办领导十分关心并多次过问调拨工作，交代鉴定组，在接收公安、海关、边防局等单位送交给省文管办的走私文物中，由省博物馆择优挑选（未交到文管办，临时设在博物馆库房的文物除外）。这一工作经历，使我对海关、公安、边防局等单位截获的走私文物情况比较了解，我虽已离休多年，但当时的情况还历历在目，并存有一些资料。广东省文物出境鉴定站出版《岭表撷英》之时，副站长邹伟初同志约我写一篇有关这方面的文章，现在我虽然很忙，还是欣然接受了这一任务。但时间已久，一些具体事已经记不太清楚了，只好就其要者简介如下，有不妥之处还望同行和领导指正和补充。

　　一、广东省博物馆在文管办接收文物中精选文物的概况

　　据1982年至1994年的粗略统计，省博物馆在执法部门移交给省文管办设在省博物馆的库房里共挑选出各类文物1900余件，其中有陶瓷、书画、铜器、玉杂、钱币和近现代文物等，以陶瓷器为最多，经统计，约有1436件，精品多、质量高，从中评出一级品就有15件。其余为二、三级文物。这些调拨来的文物大大充实了省博物馆藏品，还补充了一些缺门陶瓷，如长沙窑藏品，过去甚少，在深圳海关移交给省文管办的走私文物中，我们一次就挑选了100余件，有的可达二级品。如长沙窑青釉褐彩贴花人物双系执壶（图1）、长沙窑青釉绿斑点纹双耳罐（图2），长沙窑青釉瓜棱双耳罐（图3）等都达到馆藏二级品的水平。宋代衡山窑的品种，过去对我们来说是缺门货，只是在文章中见过，在接收走私文物中我们也挑选了几件，其中还有一件衡山窑粉上彩双系执壶（图4），列为一级藏

图1　长沙窑青釉褐彩贴花人物双系执壶

图2　长沙窑青釉绿斑点纹双耳罐

图3　长沙窑青釉瓜棱双耳罐

图 4　衡山窑粉上彩双系执壶

图 5　原始青瓷双耳兽首鼎

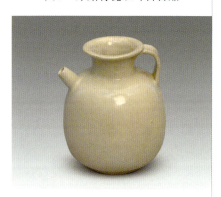

图 6　西关窑白釉执壶

图 7　登封窑珍珠地刻花花卉纹枕

图 8　卵白釉"东卫"铭印花盘

品。这个壶完整无缺,纹饰也好,是一件标准器。湖南的同志见了感叹地说:"我们湖南也没有这么好的,多是些残器。"

珠海公安和边防局交省文管办的一批陶瓷器,艺术价值也很高,我们从中挑选出的23件瓷器中,二级以上的就有14件之多。浙江地区战国时的原始青瓷双耳兽首鼎(图5),器形别致少见,河南密县西关窑白釉执壶(图6),器形端庄,釉色温润,是件典型器物,亦列为一级品。斗门边防局交到省文管办的查获走私文物,质量也相当高,我们从中挑选的21件瓷器中,二级文物就有19件之多,如登封窑珍珠地刻花花卉纹枕(图7)就是其中之一。斗门县公安武警大队送交省文管办的走私瓷器中,我们精选了34件,其中二级品19件,最突出的一件为元代卵白釉"东卫"铭印花盘(图8),据我所知是全国唯一的一件,亦被定为一级品。中山公安局石岐分局送交省文管办的一批陶瓷中挑选了17件,其中二级品11件。

二、走私手法

文物走私手法可以说是千奇百怪,无所不有,我们只有从其要者讲几条,大致有如下几点:

1. 新工艺品中夹杂重要文物蒙混过关,少者几件,多者几十件,甚至百多件。此种情况不少,海关时有发现,深圳海关截获的唐代长沙窑的一百多件瓷器即属此类。

2. 租用民用船或小艇偷运文物出口,此种方式不少。走私分子因海关检查较严,就变换手法,租用小船偷运文物出口,特别是一些重要文物,多从海上用小船偷运出口,如珠海公安边防局、斗门县公安局武警大队送交省文管办的截获走私文物便属于此类。

3. 走私犯子通过盗墓、偷挖窑址、盗窃等犯罪手段盗取文物,偷运出口。多有经群众举报,被公安部门破获,后将文物送交省文管办。

4. 据了解,还有更为隐蔽的办法偷运文物出境——水中拖带。走私分子针对在船上易被边防或公安部门查获的情况,将走私文物用防水的材料包装好,放在水里用绳子挂在船底拖着走。他们认为公安边防人员在船上无法找到,企图蒙混过关。

无论文物走私分子如何变换手法也逃脱不了海关、公安、边防执法人员织起的法网。从以上情况看,经海关、公安、边防等执法人员和文物出境鉴定机构等工作人员的共同努力,截获了大量将要流失的文物,有的还是相当重要的一级文物。

本人所说只是省博物馆挑选的部分,还有分配到其他博物馆的,他们挑选的应该说更多。如果不是海关、边防、公安部门和文物出境审核机构的努力,这些珍贵文物就早已流散到国外了。应该说,走私文物的截获,他们是很有功劳的。他们保护了祖国文物,说他们是祖国文物保护神,一点也不夸大。借出版《岭表撷英》之机,应大力宣传他们的业绩,以勉励他们为保护祖国历史文物再添新贡献。

瑰宝的故事

邹伟初

　　岭表为岭外之意，指今天通称为岭南的五岭以南广大地区，广东全境尽在其中。特殊的地理位置，使其自古以来便成为中外经贸往来和文化交往的门户，两千多年发达的对外贸易，特别是海上丝绸之路的开辟，拓宽了中外文化交流的渠道。但到了清代后期，沦为半封建半殖民地社会的中国，关防失禁，财富外流，大量的文物也循此门户而流失海外。解放后，人民政府迅速颁布了一系列的法规政令，对文物出境实施了有效的管制，成功地阻止珍贵文物的外流。改革开放中，为了阻止并遏制以谋利为目的非法运送贩卖文物出境的活动，我省文物部门与海关、公安、工商、边防、运输部门通力合作，依法收缴了大量濒将流失的文物。根据有关部门的统计，改革开放以来全省各执法部门截获的文物总数约达17万件（含古钱币）。这些文物经过文物鉴定部门鉴定、分类、定名后，按照国家规定，已分拨到省内的广东省博物馆、深圳市博物馆、珠海市博物馆和原海南省内五县市博物馆，以及中山大学、华南师范大学、暨南大学、广州美术学院等74个国有收藏单位以充实其馆藏。本图录从上述收藏单位中的18个博物馆所接收的藏品中挑选了有代表性的文物415件，编辑成了这本图录。

　　记录与褒扬各执法部门为保护祖国文化遗产所做出的卓越贡献，是出版这本图录的宗旨。我们在整理、收编各类文物进图录的过程中，透过一件件被抢救回来的珍宝，仿佛看见在如山的货物中顶酷暑冒寒风仔细审验把关的身影，仿佛亲身感受到边防卫士劈波斩浪堵截走私船只的凛然正气。让我们透过那一张张略微发黄的文档，一张张仍旧清晰的照片来颂读那一段虽然漫长却并不遥远，略显平凡却难以忘却的历史吧：

　　……

　　1987至1995年间，仅广州、九龙、拱北海关收缴并经过广东省文物鉴定委员会鉴定的文物达61372件，其中珍贵文物1010件。

　　1988年，全省公安、工商、海关和文物管理部门协同破获文物走私案333宗，收缴文物8730件。

　　1989年517宗，13198件。

　　1990初，省文物管理委员会办公室鉴定科（省文物鉴定站前身）协同广州海关侦破日本商人走私外文案收缴一批珍贵古代书画文物。

　　1993年12月，阳山县公安局破获一起文物走私案，收缴文物127件，其中珍贵文物20件。

1996年广东省内各海关查获的文物走私案件261宗,收缴文物4808件。

1998年4月,广州白云机场海关查获了一宗走私大批古脊椎动物化石出境的大案。同年"经我们鉴定的文物走私案有213宗,查扣文物5897件。今年7月13日,拱北海关机动缉私队根据举报对一辆车号为粤C-01145、澳门MB-97-95的货车进行重点查验,发现在珠海海皇工贸发展有限公司以一般贸易方式申报出口的石雕工艺品,木雕工艺品及新陶瓷中混藏有青铜器皿、藏族古旧用品等未申报货物一批。经鉴定,有陶卧马、彩绘陶骆驼等二级文物5件,彩绘陶人马俑、贴金彩马头等三级文物15件,恐龙蛋化石、藏经等禁止出境物品237件,木雕像、泥塑观音像等限制出境物品125件,银饰件、佛像等一般文物22件,总计404件。其中一件噶巴拉碗,保存完好,镶嵌錾刻工艺精致,尤为罕见。这是近年来我省海关查获的最大的一宗文物走私案""7月,深圳沙头角海关在一报称新工艺品的货柜中,查获古生物化石9件,宋至清瓷器28件,其中二件元代玉壶春壶相当罕见。10月,深圳皇岗海关在一报称新工艺品的货柜中,查获大量古动植物化石。其中海百合化石之完整,观赏价值之高,数量之多,均十分惊人。这是历年我省海关查获的同类案件中最大的一宗。11月,深圳蛇口海关在一报称新家具、新瓷器的货柜中,发现所谓新家具,全属用珍贵木材制作的旧家具,更严重的是,其中还藏匿一件罕见的有雍正五年刻款的铁灯架,经鉴定,此灯架为屡见于古书记载的"火山银花"灯架,此种灯架流行二千余年,但遗物极少。此件灯架有较高的历史价值,属三级文物。"(引自广东省文物鉴定站《1998年工作总结》)

2000年170宗,4860件。

2001年140宗,15017件。

2004年2月下旬,省文物鉴定站工作人员在对申报出境的一批仿古工艺品进行例行审验的过程中,发现了混装出境的45件大型的元代墓葬彩绘石雕后,马上报告省文化厅并引起高度重视,省文化厅与省公安厅合作,对其进行了查扣。国家文物局获悉后随即派有关方面的专家进行评估,确认并评定其中的4件为馆藏一级文物,有18件为二级文物,有23件为三级文物(图1.1~1.3)。换言之,这批文物全属国家严禁出境的珍贵文物。这

图1.1　元代墓葬彩绘石雕

图1.2　元代墓葬彩绘石雕

是我省对翻新旧家具和仿古工艺品在报关前实施由文物进出境审核部门审验以来查获的单次混装最大宗珍贵文物出境案。从另一方面可证我省文物鉴定人员高度的责任心和过硬的鉴定技能。同时也证明了国家设立文物出境审核机构，实行文物出境审核管理制度对保护民族文化遗产的极端重要性。

撷录岭南大地中绚丽的奇花，是我们选录各类器物时的感受。该图录收录的种类较多，有陶瓷、书画、玉器、铜器、古籍、佛像、家具以及竹木牙角器等。十多万件的文物中，不乏精品，许多虽然重复，但平日难得一见，选录之时，颇难取舍。在各博物馆的大力支持下，特别是在当年直接参与鉴定、入藏的老专家的指点下，本图录收录了宋代衡山窑粉上彩罐、元代卵白釉"东卫"铭印花盘等一批位列馆藏一级的珍贵文物，使得读者在阅读本图录的时候，不仅可以欣赏到各博物馆珍藏的"重器"，学习到鉴定的知识，掌握大量有价值的信息，而且可以穿越时空，了解到各执法部门在改革开放30年来为保护祖国文物遗产，阻止文物外流所做出的巨大成绩。

收缴走私文物中有"海山仙馆"铭款的紫檀扶手椅一张。该椅现藏于广东省博物馆，整张椅用优质紫檀木制作。扶手、鹅脖为曲线，扶手出挑。后背搭脑不出头，中间依人的头颈曲线做微凹处理。背板呈"S"形微弯。近搭脑处镶圆形黄杨木隶书"海山仙馆"铭嵌饰，座面前宽后窄，造型端庄秀雅，靠背、扶手均作刨削成弧面。与同时代流行的传统椅子如官帽椅、圈椅、公座椅等风格别异其趣，是广东民间称为"洋装"的家具。椅上所镶嵌的"海山仙馆"铭（图2），背后有这样一段历史。

海山仙馆原是清代道光、同治年间广州十三行巨商潘仕成所有的一座特大私人园林，园名由门上"海上神山、仙人旧馆"对联相嵌合而成。该园规模之大，为当时广州园林之冠。历史上保存下来的载述虽不多见，但有广州美术馆收藏的清代著名画家夏銮应潘仕成之邀所绘的《海山仙馆图》，它为今人提供了昔日海山仙馆的精致全貌；有19世纪中叶画家庭呱所作的纸本水粉画《广州泮塘之清华池馆》，可信为海山仙馆的局部景致；有法国人于勒·埃及尔于1844年拍摄的一组海山仙馆亭台楼阁的照片等图画照片。文字方面有美国人亨特于1885年出版的《旧中国杂记》（该书1993年在香港再版）；还有从当时文人墨客余洵庆撰写的《荷廊笔记》及李宝嘉撰写的《南亭四话》等著述中可见一斑。"该园占地面积辽阔，……向西望是滚滚的珠江和来往不绝的船只；向东望是西关民居和古老的广州城墙；北面有绿色的田野"（卢文联1997年《南方建筑》《海山仙馆初探》），范围大致在今天西关南至蓬莱路，北至泮塘，东至龙津西路三叉涌，西至珠江边一带。园主潘仕成，字德畲，道光十三年（1832年）参加顺天乡试，中副榜贡生。以经营盐务、洋务为主，并承办海防军工，遂成巨富。平生交游甚广，轻财好义，乐善好施，曾捐银13500两抢修广州贡院，出资为小北门至白云山铺设石路。后因捐巨款赈济北京灾民获钦赐举人，官至两广盐运使、布政使衔。在鸦片战争期间捐献巨资，购买火炮水雷以巩固海防，获得粤省督抚嘉奖。在督办沿海七省战船时，又不惜重金聘请美国人

壬雷斯来华研制水雷，获道光皇帝嘉奖。后因盐业亏累破产于同治年间，馆园及财产被抄没入官，其后一代名园遭瓜分变卖，不久便烟消云散。

海山仙馆不仅以其园林美景称雄，更以它丰硕的收藏而惊世。据传院内藏有不少古玩文物，如汉武帝钩弋夫人的玉印等，还很多宋元版本的古书和珍贵的汉晋碑帖。潘仕成斥巨资将其刻印成《海山仙馆丛书》56种，492卷，分编经、史、子、集四部，共120册。他还用心搜罗历代名书法家的名迹法贴，将他们珍贵的手迹分为摹古、藏真、"遗芬"，而后凿成一千多块石刻，大多镶嵌在园里回廊曲径的洞壁中，他还把这批名迹石刻拓本刊印成《海山仙馆丛贴》，"从行世拓本68卷64册估计，全数石刻约达1000多石左右"（陈以沛《"海山仙馆"〈尺素遗芬〉石刻考实》）。在今广州市法政路30号三号楼的阅览室内有镶嵌于壁上的《尺素遗芬》的石刻59石（引同上）。碑石中还有南汉马氏二十四娘墓山券一方，亦为难得的南汉历史文物。但当年风物仅余数块刻石，其余则不知花落何方！而这张有"海山仙馆"铭的椅子的获得，着实令人惊喜万分，它不仅用材珍贵，做工精良，足材大料，表现出岭南传统硬木作的工艺特点，而且反映出当地的匠师在吸收西洋家具特点为我所用的发展与变化。同时代的许多家具，包括宫廷的用品，是穿上了"洋装"的"国货"——仅在传统的形式上加上西番莲等舶来的元素，而这张椅子则有了脱胎换骨的变化，可以说是近代家具风格转变肇始时期的代表性作品。同时，它又见证了广东近代史上一些重要人和事，其价值不容低估。

图录中还收录了一张紫檀木五围屏罗汉床。这件珍贵文物现藏于广东省博物馆。该床是清代中期的制品。长200、宽111、高128厘米，全部用紫檀木制作。正面三屏风为一高两低品字形组合（见家具杂项17），两侧屏风兼做扶手其前出头为透雕博古纹。五块屏正背两面均雕相同纹饰，束腰床架，鱼肚开光，牙条雕刻以西洋卷草纹。床面夹台湾草席。正中的屏风围子因年时久远而有些微收缩，从细微的接缝可见是用三块板拼接成，但铲地凸起的花纹毫无一丝错位，手工之精巧令人赞叹。其他的四块屏风围子均为整板，最短处也近四十多公分。该床主题文饰是夔龙、蝙蝠和祥云花草，但匠师们围绕这一主旋律在不同的部位进行变奏，有的用线条显得比较写实，如五块屏风围子的花纹；而有的则以抽象的笔法去勾画，如床腿、束腰等处的龙纹。在刀法上也富于变化，全床花纹有的使用"博古铲槽"，也有在剔地突起的图案上用阴阳线刻画的。尤其是在束腰处狭窄的地子上还一丝不苟地铲出笔直的突起弦线，表现出清代中期雕工精致，线条工整流畅的工艺特点。此罗汉床用材粗大，方柱彭腿、牙条等部分均用整料制作，牙条等处以西洋卷草纹装饰，可见其用料用工之精心，是一件非常难得的"广作"精品紫檀家具。明清时期广东制作的木家具称为广作，与苏州制作的家具同为宫廷的主导，而广作尤其以用料上乘，取材完整而不用小料镶贴而称誉。特别是自清代中期以来，广州的红木制作因内外贸易的增长而长足发展，享誉海内外。

紫檀是世界上最名贵的木材之一，为常绿亚乔木，高五六丈，据《木鉴》一书从植物分类学结合我国传统木作工艺的分类认定，紫檀中文学名檀香紫檀，属豆科（LEGUMINOSAE）紫檀属（Pterocarpus），俗称紫檀、小叶紫檀、金星金丝紫檀、牛毛纹紫檀等，产于印度南部迈索尔邦（Mysore）。紫檀木质甚坚，一般没有香气及其他气味，有时锯木时也会散发极弱的香味。而按《中国树木分类学》介绍，紫檀属豆科植物，约有十五种，多产于热带。其中有两种产于我国，一为紫檀，一为蔷薇木。王世襄先生的《明式家具珍赏》提到，美国施赫斯弗曾对紫檀作过调查，认为中国从印度支那进口的紫檀木是蔷薇木。从目前国内现存的紫檀器物看，至少有一部分是蔷薇木。其他紫檀料是否属同一树种还有待于植物学家作进一步的鉴定。目前木器家具业认定的紫檀为"小叶紫檀"，即是檀香紫檀。《木鉴》记载："也有工匠将紫檀木分为以下4种：A. 金星紫檀：因紫檀木的导管充满橘红色树胶及紫檀素而使全身或局部产生肉眼可见的金星金丝，油质感极强，此为上品。B. 花梨纹紫檀：又称"牛毛纹紫檀"。紫檀木的导管线弯曲似蟹爬痕迹而被工匠及收藏家称之为"蟹爪纹"，经长期使用存放，其导管线呈灰白色，形似卷曲的牛毛纹，故称'牛毛纹紫檀'，此为中品。C. 鸡血紫檀：木材表面少或没有纹理及金星金丝，颜色发暗似鸡血色，此为下品。D. 豆瓣紫檀：紫檀锯解后表面有规则排列连绵不断的珍珠似的图案，周围则呈紫红色，此种紫檀木被工匠称为豆瓣紫檀。……"

明清时期我国紫檀主要从南洋群岛等热带地区进口。此前也有采自我国广东、广西、海南等地的。我国古代认识和使用紫檀木始于东汉末期，晋代崔豹《古今注》有记载，时称"紫檀木，出扶南，色紫，亦谓之紫檀。"《博物要览》和《诸番志》把紫檀划归檀香类，认为紫檀是檀香的一种。宋代赵汝适的《诸蕃志》卷下说："其树如中国之荔枝，其叶亦然，紫者谓之紫檀。"在明代李时珍《本草纲目》中还提到紫檀的药用功能：能止血、止痛、调节气血。清代屈大均《广东新语》"海南文木"条记："紫檀一名'紫榆'，来自番舶，以轻重为价，粤人以作小器具，售于天下。"而"檀香"条记："岭南亦产檀香，皮坚而黄者黄檀，白者白檀，皮腐而色紫者紫檀，皆有香，而白檀为胜，与紫檀皆来自海舶，……"。清人谷应泰《博物要览》载："檀香有数种，有黄、白、紫色之奇，今人盛用之，江淮河朔所生檀木即其类，但不香耳。"又说："檀香出广东、云南及占城、真腊、爪哇、渤泥、暹罗、三佛齐、回回诸国，今岭南等处亦皆有之。树叶皆似荔枝，皮青色而滑泽""檀香皮质而色黄者为黄檀，皮洁而色白者为白檀，皮薄而紫者为紫檀木，并坚重清香，而白檀尤良。"人们在实践中逐步认识到其材质优良。到了明代，此木为皇家所重视，开始大规模采伐。由于紫檀木数量稀少，很快将国内檀木采光，随后即派官吏赴南洋采办，此后遂成定例，一直延续到明朝灭亡。所采办的木料并非都为现用，很多存储备用。截止到明末清初，全世界所产紫檀木的绝大部分都汇集到中国，分储于广州和北京。清代所用紫檀木料主要为明代所采，虽然清代也曾由南洋采办过新料，但大多粗不盈握，节屈不直，这是由于紫檀木生长缓慢，非数百年不能成材。明代采伐过量，清时尚未复生，来源枯竭，这也是紫檀木为世界所珍视的一个重要原因。所以在明清两朝，紫檀木便备受皇家所珍视。现在西方的紫檀器物基本都是从中国运去的。为降低运输成本，一般仅买柜门、箱面等有花纹者运回再加以装配，以为陈列之用。可见欧美对紫檀的珍重程度。据说拿破仑墓前有个15厘米长的紫檀棺椁模型，被奉为珍品。所以说对于紫檀木"寸木寸金"这样的说法丝毫不为过。

紫檀树生长缓慢，并且常言"十檀九空"，笔者在五邑地区一些木家具厂见到的进口紫檀木料，大多弯曲短小之材，最大的直径也不过三十公分左右，且常有空心树洞。大料珍贵难得。在各种硬木中紫檀木质地最细密，比重位居前列。其气干密度为1.05—1.26g/cm3。木纹不明显，几乎看不出年轮纹。脉管纹极细，呈绞丝状如牛毛。故制作打磨好的紫檀木器，表面细滑如孩儿脸，其木料刚剖开时为橘红色，久则深紫色如漆，显得典雅高贵。现今紫檀木制作的家具价值可谓极其高昂。民国以前的各类紫檀制品更是价高难求。在2007年香港佳士得的秋拍中，清乾隆御制紫檀卷草纹八仙桌，估价180万至250万港元，成交价达到了336.75万港元，最近在嘉德2008春拍"盛世雅集——清代宫廷紫檀家具"专场中，刷新中国古典家具拍卖世界纪录的是古典紫檀家具。其始，"清乾隆紫檀雕西番莲大平头案"以3136万元人民币的成交价率先打破中国古典家具拍卖的世界纪录。随后，另一件清乾隆紫檀有束腰西番莲博古图罗汉床又以3248万元人民币的成交价再次刷新了中国古典家具拍卖世界纪录。在黄花梨等红木及其制品价格近年来不断翻倍上涨的背景下，紫檀木制品价值依然独占鳌头，足以说明紫檀的地位与价值。这两件珍品都是典型的采用西洋装饰的广东风格的宫廷家具。

收入图录的两件紫檀制品木质细密，色泽紫黑，光亮明显，像犀牛角质般润泽。这种木材已十分少见，是紫檀木中的上上品。目前在全省博物馆中也属独一无二的藏品。无论从这两件文物的目前价值和远景价格，也无论从它们本身的稀缺性和精美程度来看，都从一个方面印证了国家保护文化遗产、限制文物出境政策的正确。

有趣的是本图录中也收录了几件与家具有关的陶瓷类文物，其中有黄绿釉交椅、罗汉床、方凳、陶箱、陶轿、陶匙羹、陶底座、陶屏风、陶香烛供台、陶果品供台、陶椅等（见陶瓷174）。尺寸之小，全部都可把玩于指掌之间，最大件的绿釉陶榻也仅长30公分左右。它们应是明代用于随葬的明器。明代北方和江南地区墓葬出土的随葬品中，包括陶俑在内的各类明器种类不少，除了陶俑外还有完整的院落、生活用具、生产工具、室内陈设、厅堂模型、家具模型等等，如苏州明代王锡爵墓出土的一组明器中，有衣架、铜香炉、铜腊钎、小木桌子、脸盆架、小木椅、小木衣架等。与汉代墓葬出土的各类明器相比较，汉代那种反映氏族庄园生活的大型楼阁、灶、仓、牲畜没有了，器物的尺寸缩小而显得小巧精致，在题材上也发生了变化，这些小型的明器似乎更加注重生活的细节与质量，在这些纤小如玩具的器物上，却纤毫毕露而又准确地描绘出各种的细部结构。如图174绿釉明器绿釉陶屏风、绿釉陶果品供台、绿釉陶榻、绿釉陶椅等，其中的绿釉陶榻（见陶瓷174-2中）可以清晰地看出是一件五屏风围子的罗汉床，屏风攒边做。床上还有束腰，束腰处有三壶门，壶门内饰有卷云纹。弧腿蓬牙，牙条为明式的洼膛肚，背屏隐约可见浮雕风纹。

而另一件绿釉座屏式衣架（图3），也具异曲同工之妙，该衣架保留着宋代的遗风。该衣架为座屏式，用阴刻线条勾画出各处细部结构：衣架设顶枨——两根立柱支撑一根顶上的横杆，两头超出立柱而翘起，用圆雕方法雕出莲蓬头形状，顶枨和立柱相交处设卷云头。衣架两侧立柱与四根横枨和近底部的一根横枨组成衣架的基本框架，每组横枨内施涤环板，每组横枨之间的中牌子隐约可见雕饰菱角花纹，下面的横枨之间的中牌子则用直棂条装饰，估计这些中牌子应该是镂空的，但因模型太小，高仅16厘米，不足以奏刀雕镂，故以浮雕图案来表现。涤环板内也有雕饰，但较模糊。立柱则落在一长方状厚木墩上以支撑和稳定衣架。上述衣架的各处细部足以使我们对明代衣架有了一个清晰的认识，这是十分可贵的。明代衣架在宋代简单的两根立柱支撑一根横杆、横杆两头翘出立柱的形式的基础上，增加横枨和雕饰，装饰和形式更为发展了，如前面提到的苏州明代王锡爵墓出土的衣架。而它是这一潮流的不同表现形式。

苏州明代王锡爵墓出土的小木桌子、小木椅等也是非常写实的。小木椅为四出头官帽椅（图4）。明式椅子的背板只有圆形浮雕或没有任何装饰，搭脑出头和椅背上下立柱由一整木贯通造成。前管脚枨下设有角牙，左右枨则没有。小木桌子有侧脚，边抹攒框，光素牙头与牙条嵌于夹头榫托住桌面，牙条宽大，桌腿粗圆。明器椅面为软屉，也就是用棕或藤类制作床榻类家具的席面，便于卧坐。明器中有的在席面上暗刻出席纹，有的则以胎色或淡的土黄色表示，其他部位施酱色或黄绿色釉。这些家具明器刻画细致，造型准确，是十分难得的珍贵文物。

从欣赏史前时期陶器进而步入本图录收录的各时各类的陶瓷文物，必定有进入中华古代陶瓷文明之殿的感慨。从数量看，本图录收录的陶瓷器数量最多，占总数的80%以上。这一数字是个标志，它同时反映的是经我站鉴定后移交给各有关博物馆的收缴文物中陶瓷器所占的比重。在这些陶瓷文物中，既有传世的，也有出土的。其中属于唐、宋、辽、金时期的，则几乎包括了南北方各个著名的窑口和窑系出品的不同种类。从时间的跨度来看，从马家窑文化的彩陶器到清代的外销瓷，琳琅满目，蔚为大观。俨然是中国陶瓷发展史的全系列展示。例如所收录的唐代长沙窑器物，既有各类动物瓷塑如鸡、羊、马、鸟、蛙、猴等，也有不同装饰形式的器物如诗文罐、绿彩线描花鸟纹执壶、褐彩贴花执壶、褐彩斑点纹执壶、鸡尾水盂等。在南北各窑系或窑口还在器胎上苦心孤诣地刻划剔塑，对釉料触摸不定的窑变显色苦思冥想的时候，长沙铜官窑已经纯熟地大量使用"釉下彩"技术来装饰绘画瓷器，代表了当时制瓷技术的最高水平。它的装饰艺术在我国陶瓷发展进程中也是具有里程碑意义的。它创造性地把绘画艺术运用到瓷器装饰上，用釉下彩料直接在瓷胎上作画写字，然后再罩上一层透明的青釉入窑烧成，一改过去或单一釉色或在釉下点彩的平淡。其绘画内容丰富，表现手法多样，花草树木、飞禽走兽、山水人物皆入画中，或单线勾勒，或彩色渲染，或运笔泼墨，构图虽简单，而技巧很娴熟，意境精深，充满活力。长沙窑瓷器还广泛使用了贴花和模印，有枝叶、对鸟、狮兽、奔马、宝塔、菩萨及其他人物模样，有的则直接在胎壁

图3　绿釉座屏式衣架

图4　小官帽椅

上压印鱼、龙或飞鸟然后再加彩上釉，烧制成图案形态各异的瓷器。最具独创性的是瓷器上的文字图案装饰艺术，如本图录收录长沙窑彩绘诗文纹执壶（见陶瓷23），其诗文为"日日思前路，朝朝别主人。行行山水上，处处鸟啼新"。这类诗文从内容上分有驿站诗、酒茗诗、歌妓诗、悼亡诗、写景诗、感怀诗、爱情诗等等。还有大量的表述格言、警省的单句、联句等，如"仁义只从贫处断"、"言满天下无口过，行满天下无怨恶"等等。长沙窑产品盛行的文字装饰不见于在其之前和同时的其他窑口。文虽稚拙，意境尤新，趣味盎然。其产品不仅畅销国内，还大量远销海外，在伊朗、日本、印度尼西亚、斯里兰卡等许多国家和地区的古代遗址中都发现不少该窑产品。据考古材料证明，长沙窑大约创于初唐，盛于晚唐，五代末期开始衰落。到了宋代，衡山窑、岳州窑和益阳窑则取代了长沙窑在湖南陶瓷业的地位。令人称奇的是收录的陶瓷文物中，有一件广东省博物馆列为馆藏一级品的衡山窑粉上彩双系壶（见陶瓷86），还有一件东莞市博物馆收藏的花口瓶（图5）。作为衡山窑特有的粉上施彩烧造工艺，其完整器几乎从未见世，湖南文博界的同行看到后顿然为之感叹（详见本图录收录的宋良璧同志文章），其珍贵程度由此可见。

在收录的唐代瓷器中，有现藏于珠海市博物馆和封开县博物馆的绞釉枕（见陶瓷47、48），分别长16、高7.8、宽11.2厘米和长15.7、宽11.3、高8.6厘米。有趣的是两者不仅大小所差无几，它们的造型、釉色、胎质也是一致的。说它们是绞釉，因为从胎釉剥离处观察，其胎质并非绞胎，而是素胎。其上贴两种颜色相绞缠的外衣，称其为绞釉，还不如说两色绞缠的化妆土更合适。其上再施透明釉一次烧成。上述特点两枕是一致的。但最奇特的地方则是两枕绞釉的纹路几乎完全相同，从绞釉的生产工艺来推断，这一现象的发生，极有可能是同一绞釉泥团相邻的切片用在这两个枕头上所导致的。这两个枕头的"巧遇"，为我们认识绞釉工艺提供了一个鲜活的示例。

在收录的宋代瓷器中，有钧窑、磁州窑、耀州窑、景德镇窑、龙泉窑、吉州窑等南北著名窑系的产品，也有如登封窑、衡山窑、临汝窑、笔架山窑等富有特色的窑口的产品。其中吉州窑的产品类型特别丰富，玳瑁、油滴、剪纸贴花、鹧鸪斑、酱釉划花等窑变和胎装饰的都有。磁州窑也是各类碗、碟、罐、枕、梅瓶、玉壶春瓶、灯盏俱全，可谓琳琅满目，美不胜收。元明清各篇也是精彩迭出，异彩纷呈，蔚为大观。

本书收录的书画、古籍、铜器及杂项中亦有不少佳品，如明王铎的巨幅中堂、刘墉行楷轴、清赵之谦书札册、明拓本《唐元秘塔碑》等。因篇幅所限，许多精品未能入册。造像虽收录数量不多，但品相上乘，门类较多，而杂项类中收录的清代竹雕群仙祝寿山子（见家具杂项11）、寿山石雕"东方朔偷桃"图盒（图13）等是同类器中体形巨大而又雕工精美的，甚少见于有关著录。

此图录还收藏了几件犀角质的文物。

在中国和其他一些东亚国家，犀角作为贵重的雕刻材料和药材久负盛名。它是犀牛长于头部前端的角，它不像牛角等长在头顶，而是长在鼻子上。最新研究表明犀角是由纵向的角朊纤维所组成的固体集合体。内含

图5　衡山窑花卉纹花口瓶

图6　黄杨木雕"东方朔偷桃"图盒

角质及碳酸钙、磷酸钙、酪氨酸等。《战国策》记载：楚王"遣使车百乘，献鸡骇之犀、夜光之璧于秦王"。《汉书》记载"南越王赵陀献文帝犀角十"，可资证明早在殷商、秦汉之时犀角已是进贡皇帝的宝物。中药里，犀角是一种名贵药材，能解脏毒、尿毒、暑毒，具有治大热症、强心定惊等功用。早在晋代古人就对犀角的药性有了一定的认识。南朝陶弘景《本草经集注》载："入药性雄犀生者为佳。若犀片及见成器物，皆被蒸煮不堪用。"明朝李时珍《本草纲目》载："犀角，犀之精灵所聚，足阳明药也。胃为水谷之海，饮食药物必先受之，故犀角能解一切诸毒，五脏六腑皆禀气于胃，风邪热毒必先干之，故犀角能疗诸血及惊狂斑痘之症。"由于有这样的药用功能，还由于它有特殊的质感和色泽，古代典籍记录了早在殷周时期用犀角制觥的事例。据《诗经》引《寒诗》说，"兕觥，以兕角为主，容五升"。兕，汉语词典解释为雌的犀牛，觥字解释为古代用角的酒器。取犀角作器皿可谓由来久已。然而，现今存世不多的犀角制品，绝大多数是明清时期的。清代更流行把犀角雕刻成各式的杯子。本图录收录的5件犀角艺术品，从不同的角度反映了明清时期犀角雕刻艺术的特点。行话说"雕犀无俗手"，因其贵重难得，而且实施雕刻时又受到材料形状的限制，确非一般工匠所能驾驭。

犀角器又以犀角杯为多，根据其形状和装饰纹样的变化大致可分为六种形制：一为花形杯，杯雕成花朵和荷叶状，以其枝梗苞叶做把或座，如本图书收录的犀角雕梧桐叶形杯（见家具杂项8），也呈琥珀红的自然光泽，镂雕足底，造型雅致，颇有明代犀雕之风韵。有的用广角制成长过尺余的枝梗，中心穿孔后将其变曲至杯口，以供吸酒用。二为山水人物杯，杯身外侧雕刻山林草木、或高人钓翁、或仙人乘槎、八仙祝寿等题材。三为瑞兽杯，杯身或把手雕刻蟠螭、龙凤等，如本图录中的犀角雕三螭纹杯（见家具杂项4）。杯口利用犀角的自然形态，镂通高浮雕三只蟠螭，一只口咬杯沿，另二只螭则攀爬于杯身上，躯体造型苍劲有力。平足，侈口薄唇，为清代早期的作品。四为仿古杯，杯身仿刻成三代之青铜彝器。如本图录中犀角雕夔龙蟠螭兽足兕觥，明代该杯杯足为三兽足，也是雕镂足。镂雕足，平足，足浅的相对较早（比如明或清早期）。五为素身杯，如本图录中所收录的犀角奈何杯。这种杯形通体光素无纹，但不能立稳，酌酒后非饮毕不能离手。收录的这只杯子琥珀红的自然光泽和纹线肌理令角杯更加纯朴美观，颇有明代竹木牙角雕刻中金陵派那种"大璞不斫"的风尚，时人也有称之为"马上杯"的。相同的种类还见藏于苏州博物馆由正德皇帝赐予宰相王鉴而秘袭十四世至今（图7）犀角杯。该杯长近50厘米，而本书所收录件长约20厘米。前者口沿厚实而且外撇角度很小，后者口沿则薄而外撇较宽。其年代稍晚于前者。而且角身竹丝纹（行内人士又称为"发丝纹"，图8），纹理细密有规律，杯口椭圆，是用亚洲犀角所制成。该类型中也有高足杯等。六为其他形制的杯，如本图录收录的明代犀角树头杯。该杯用亚洲犀角雕成，利用犀角的自然形态，雕刻成树头形，杯身浮雕灵芝和螭纹。杯内纵切面可见鱼子纹（图9）。

古代犀角艺术品其为数之寡，与其他质地的文物比，真正是凤毛麟

图7　苏州博物馆藏犀角杯

图8　竹丝纹

图9　鱼子纹

角。俗话说，"物以稀为贵"，犀角市价不霏，从近年来拍卖场上成交的价格来看，古代犀角艺术品成交不断创出新高。比如北京翰海2002年12月9日拍的一带燕喜堂款的清初犀角螭杯，估价30-40万元；2005年，香港苏富比推出的"玛丽及庄智博夫妇文房瑰宝珍藏"专场拍卖中，成交额前10名有5位被犀角雕拍品占据。其中明代犀角雕双螭海棠型杯以1140万元人民币成交，创造了当年文玩与苏富比杂项拍卖的最高价。2006年10月9日，纽约苏富比的"中国瓷器工艺品"专场拍卖夺得成交头名的是一件清康熙船型犀角酒杯，这件犀角酒杯最终的成交价格达到203.2万美元（约合1680.4万元人民币）。古代犀角雕刻品的价格10年间涨了十几倍，至今仍保持每年涨一倍的趋势，其国际行情也在飞涨。本书收录的犀角珍品，其价值是无须赘言的，这也从一个侧面展示了广东执法部门为保护文物所做出的贡献。

英雄花盛开的时节，是这本图录完成图文编撰的时候。从立项选定编辑主题到联络各执法部门，争取他们的支持以解决记录资料不全和经费短缺的难题，继而又几经调查拣选、拍照、注释，奔波近4千公里之遥，历时已是一年之久，终于辑录成册，并由文物出版社付梓印行。这一成果的取得，倾注了参编人员的心血，凝聚了各有关博物馆的热忱。我们希望这本图录在带给读者知识的同时，也让人们知道为保护中华民族优秀的文化遗产，文物进出境审核（鉴定）部门和各执法部门所做出的永不泯灭的贡献。

广东省反文物走私反文物倒卖情况统计表（1981-1995）

年度	查获起（宗）数	查获文物件数	其中公安、工商行政管理部门占比例				其中海关占比例			
			起（宗）	占百分比	文物（件）	占百分比	起（宗）	占百分比	文物（件）	占百分比
1981	107	4483	60	56.07%	1349	29.95%	47	43.92%	3134	69.91%
1982	230	9016	74	32.11%	3948	43.79%	156	67.83%	5068	56.21%
1983	251	4870	126	50.19%	4369	89.97%	125	49.81%	501	1.29%
1984	275	5505	83	30.18%	4778	80.79%	192	69.81%	727	13.20%
1985	322	3488	72	22.36%	2090	59.91%	250	77.64%	1398	40.08%
1986	472	7517	136	28.81%	4669	62.11%	336	71.19%	2848	37.89%
1987	478	11464	202	42.26%	9576	83.53%	279	57.7%	1888	16.47%
1988	429	10685	220	51.28%	5969	55.86%	209	48.71%	4716	44.12%
1989	517	13198	159	30.75%	5799	43.94%	358	69.24%	7399	26.06%
1990	358	6446	69	19.27%	1478	22.93%	289	80.73%	4968	77.07%
1991	385	7888	31	8.05%	911	11.55%	354	91.95%	6977	88.45%
1992	357	5464	40	11.2%	1228	22.47%	317	88.8%	4236	77.53%
1993	346	4052	17	4.9%	507	12.51%	329	95.1%	3545	87.49%
1994	280	2959	15	5.4%	683	23.1%	265	94.6%	2276	76.9%
1995（1-7月）	142	5083	7	7.9%	272	13.45%	82	92.1%	1751	86.55%
合计	4949	10117	1311	26.8%	47626	48.08%	3588	73.2%	51432	51.92%

书画

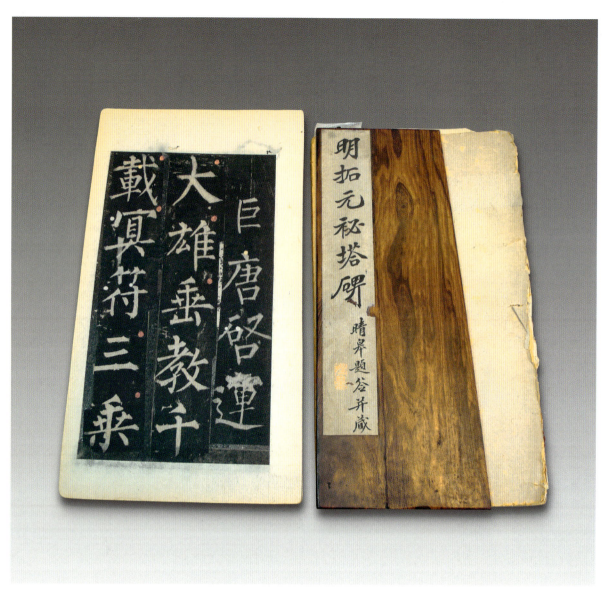

1 《唐元秘塔碑》拓本

明

横 56.4、纵 128.5 厘米

纸本，墨拓，蓑衣裱

广东省博物馆藏

依据题签："明拓元秘塔碑，晴皋题签并藏"可知，该拓本于清代道光年间曾为四川名士龚晴皋收藏。

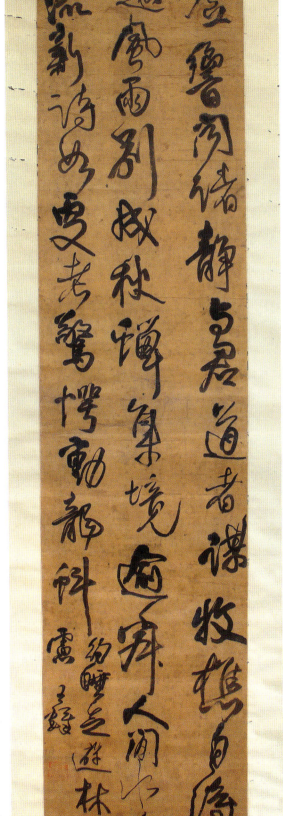

2 王铎草书五言诗轴

明

横 44、纵 188 厘米

绫本，墨笔

广东省博物馆藏

释文：虚响闻诸静，与君道者谋。牧樵自得趣，风雨别成秋。蝉集境逾寂，人闲水自流。新诗如更老，惊愕动龙蚪。约睡芝游林忠。王铎。

王铎（1592–1652），字觉斯，一字觉之，号十樵，又号痴仙道人等，河南孟津人。明天启二年（1622）进士，入清，官至大学士。工诗擅书，行草宗二王，楷书出钟繇，能与董其昌并称，是明代晚期杰出书法家。间作山水，也别有意趣。

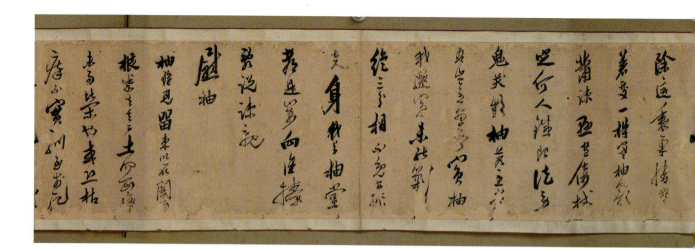

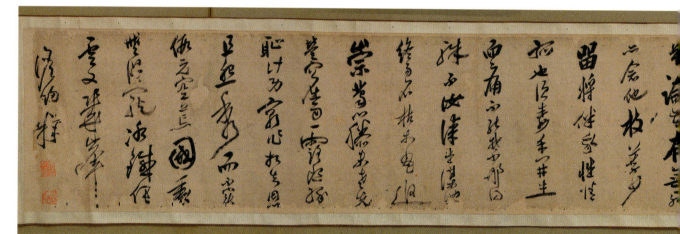

3 今释草书柚堂诗卷

清

横 460、纵 28.4 厘米

纸本，墨笔

广东省博物馆藏

款识：澹归释。

今释（1614-1680），字道隐，浙江仁和（今杭州）人。崇祯十三年（1640）进士，入清，投释函昰门下为僧，取禅名今释。工书画，其书取法米芾而自成一家。

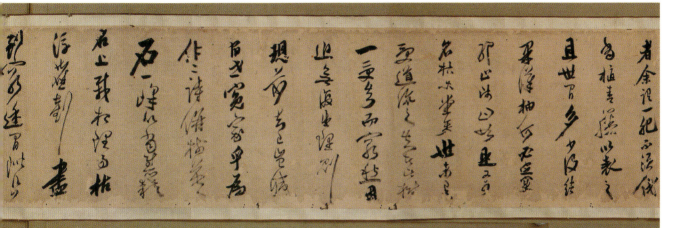

4　沈荃行书轴

清
横 48.6、纵 182.3 厘米
纸本，墨笔
广东省博物馆藏

释文：天子思欲推广神宗皇帝三舍造士之法，诏讲议司条具以闻本司。言先王之时，比间族党之间莫不有学，所以明人伦，厚风俗。及其成也，无思犯礼，莫不好德。华亭沈荃。

沈荃（1624－1684），字贞蕤，号绎堂，一号位蕤，又号充斋，华亭（今上海市）人。顺治九年（1652）探花，授编修，累官至礼部侍郎，卒谥文恪。精工书法，深得康熙皇帝所重，凡制碑版及殿廷屏障、御坐箴铭，多由其书写。其书取法董其昌，而体势稍有变化，笔画略重申展，是清代初期效法董其昌而有成效之一人。

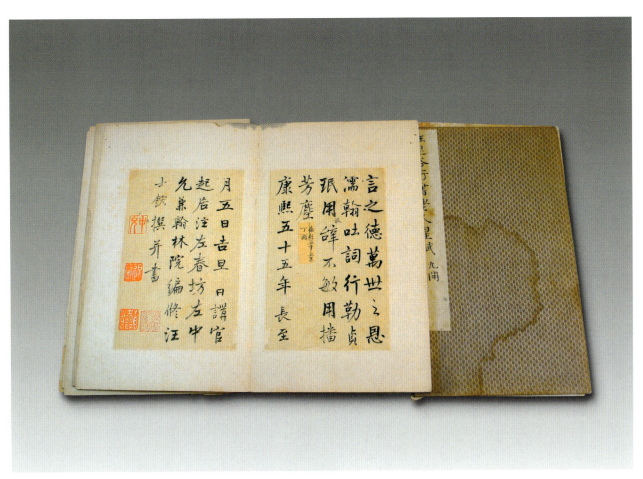

5 汪士铉书法册

清

长31、宽29.4厘米

纸本，墨笔

广东省博物馆藏

款识：康熙五十五年长至月五日吉旦，日讲官起居注、左春坊左中允兼翰林院编修汪士铉撰并书。

汪士铉（1658－1723），字文升，号退谷、秋泉居士，长洲（今江苏苏州）人。康熙三十六年（1697）会元，官至左允中。书学晋唐，书体以瘦硬见长，与姜宸英、张照齐名。著有《瘗鹤铭考》《秋泉居士集》《全秦艺文志》等。

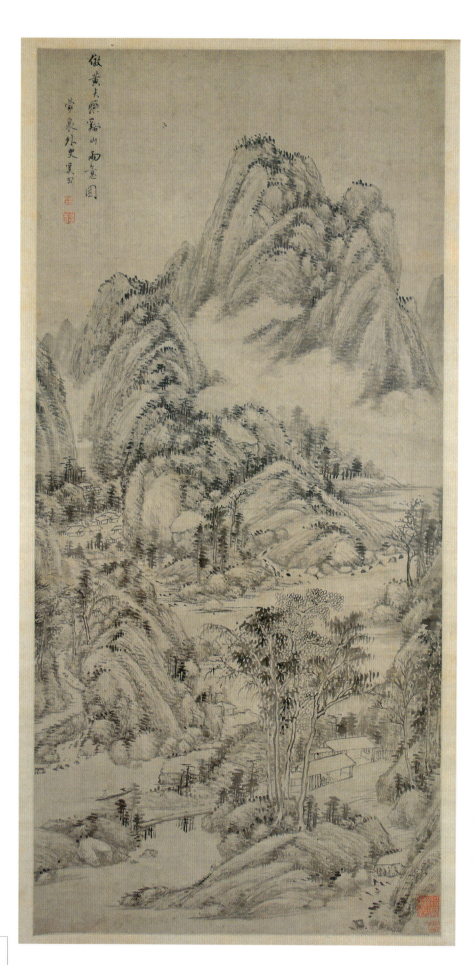

6 奚冈仿大痴溪山雨意图轴

清

横 63、纵 134.4 厘米

纸本，墨笔

广东省博物馆藏

款识：仿黄大痴溪山雨意图。蒙泉外史奚冈。

奚冈（1746—1803），初名钢，字铁生，一字纯章，又号萝庵，别署鹤渚生、蒙泉外史、蒙道士等，钱塘（今浙江杭州）人。诗、书、画、印兼长，其画尤以山水见长。此画虽题作"仿黄大痴溪山雨意图"，其笔墨、构图实源自清初"四王"，而且尚属苍润，远胜于"四王"嫡系传人的枯燥作品，不愧为乾嘉时期山水画的代表画家的作品。

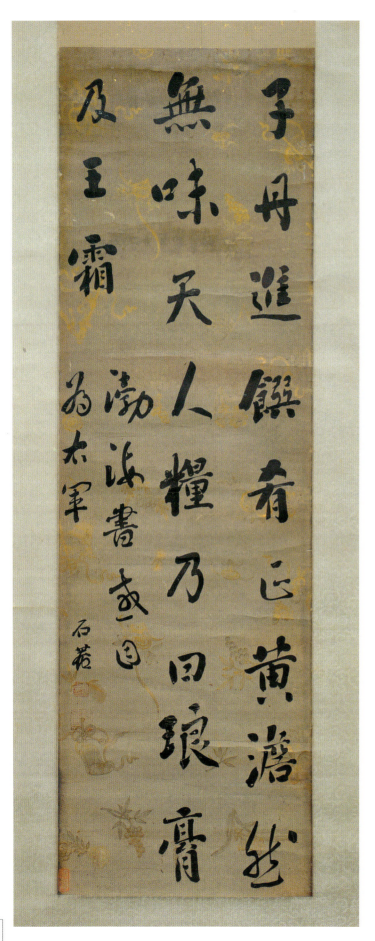

7 刘墉行楷轴

清

横 28、纵 87.3 厘米

纸本，墨笔

广东省博物馆藏

释文：子丹进馔肴正黄，淡然无味天人粮。乃曰琅膏及王霜。渤海书，或目为右军。石庵。

刘墉（1720–1804），字崇如，号石庵、木庵、青原等，山东诸城人。乾隆十六年（1751）进士，官至体仁阁大学士，卒谥文清。其书法初学赵孟頫而上追魏晋，中年后乃成自家风貌，饮誉一时。

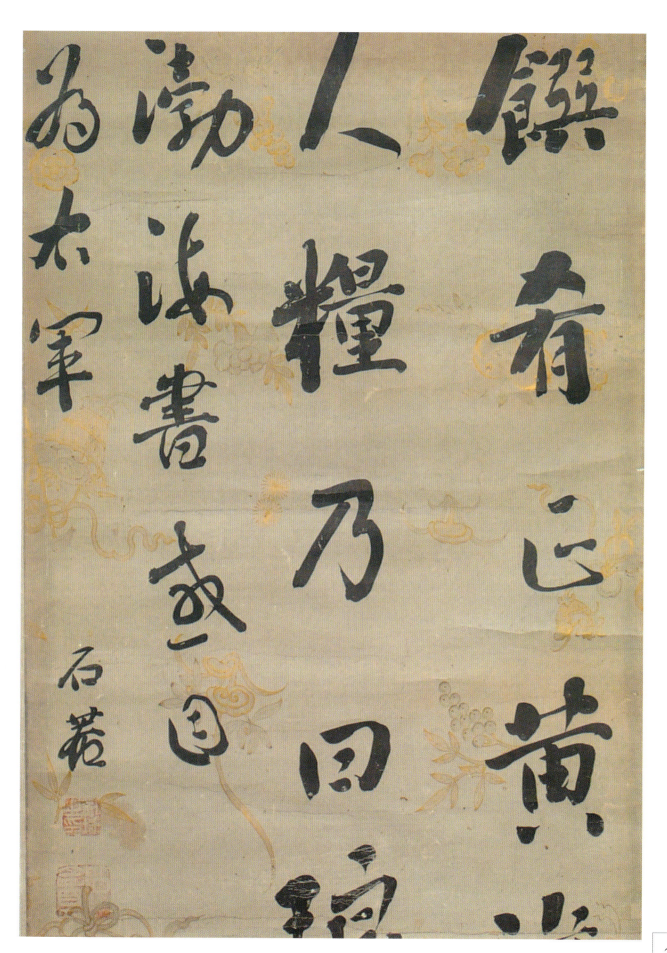

饌肴已黃水

人糧乃回輸

勃澥書画圓

為太軍

石菴

任余以贾庭示余数真书每题有
转入舍自情小楷佳珍一切展为方未老而老势
也须胳如狗书二款君自在惟襄阳一之宽阳少时
正孤自立窗寿事馨帖人话之素吉字者规之名曰法门
筹乃修此论厚因有辞鹤腔及之
                十年梁日书

8 梁同书行书轴

清

横 56.4、纵 128.5 厘米

纸本，墨笔

广东省博物馆藏

释文：往，余以黄庭、乐毅真书为人作牓，署书每悬看辄不得佳。因悟小楷法欲可展为方丈者，乃尽势也。欲牓如细书，亦跌宕自在，惟襄阳近之。襄阳少时不能自立家，专事摹帖，人谓之集古字。已有规之者曰复得势乃传正谓此。因书舞鹤赋及之。山舟梁同书。

梁同书（1723–1815），字符颖，号山舟，晚号不翁，九十外号新吾长翁、诗正子，钱塘（今浙江杭州）人。乾隆十七年（1752）进士，官侍讲，领学士衔。博学多文，精鉴别，尤工书法，初法唐人，后改师米芾，七十以后愈臻变化，自成一家。著有《频罗庵论书》、《直语补正》、《频罗庵书画跋》、《频罗庵遗集》等。该书轴字里行间尽显"米"气，为梁氏中年以后书。

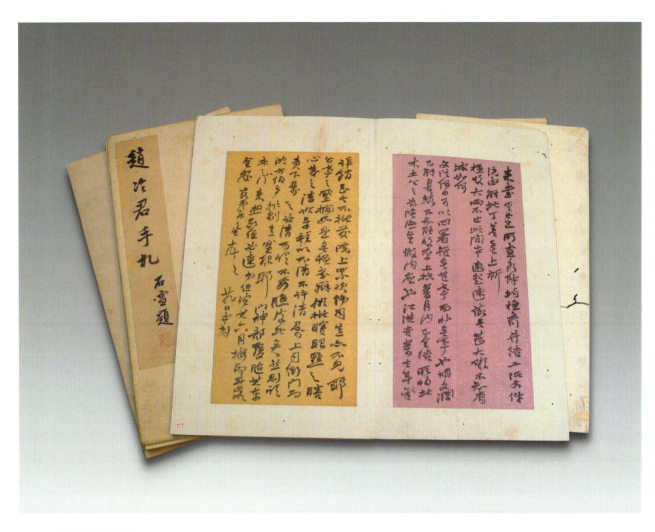

9 赵之谦书札册

清

长 29.8、宽 18 厘米

纸本，墨笔

广东省博物馆藏

赵之谦（1829-1884），字亦甫，号扨叔，别字悲庵、无闷等，会稽（今浙江绍兴）人。咸丰九年（1859）举人，官江西鄱阳、奉新知县，晚清著名书法家。其书初法颜真卿，后专意北碑，篆、隶参以邓石如而自成一家，尤以北碑写行书为擅长。从书札册中可见一斑。

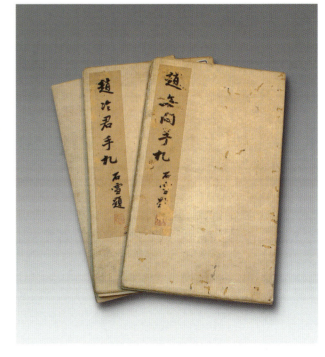

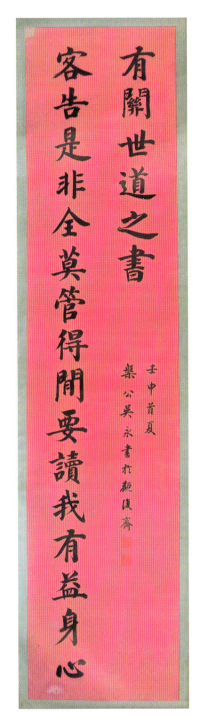

10　吴永楷书二十二言龙门联

清

横 47.4、纵 206 厘米

纸本，墨笔

广东省博物馆藏

释文：人生穷达岂能知，趁早须立，此可学圣贤、可对帝天之志；客告是非全莫管，得闲要读，我有益身心、有关世道之书。书为毋满三世兄方家清鉴，壬申首夏，樊公吴永书于观复斋。

吴永(1865-1936)，字渔川，一字樊公、樊庵，室名"观复斋"，苕溪（今浙江吴兴）人。辛亥革命后曾任山东提法使，国务院秘书。书法学董其昌三十年，几可乱真。年逾花甲，尚可作精楷。此联写来间架稳重，行笔沉实，深得董体精髓。

11 《飞鸿遗迹》原钤本印谱

清

长 23.5、宽 13.7 厘米

纸本

广东省博物馆藏

依据题签"飞鸿遗迹。飞鸿堂印谱名享寰宇,此册诸印为其中之拔萃,真环宝也。壬寅秋日,汝霖珍藏并题"可知,此谱所钤诸印,原为飞鸿堂主人汪启淑收藏,后散出归题签者汝霖所得,并钤拓成册,成此规模。

12　张伯英楷书联

清

纸本，墨笔

横 43.2、纵 167.5 厘米

广东省博物馆藏

释文：鹄版盛名开笔阵，青山白云盟素心。六佃先生之属，张伯英。

张伯英（1871–1949），一名白英，字勺圃，室名远山楼、小来禽馆。江苏铜山人，生于徐州。光绪进士，曾任执政府秘书长，后任《黑龙江通志》编纂处总纂及东方文化事业委员。工书法，并精通金石碑帖之学，现代著名书法家。

玉　器

1 玉璧

新石器时代

外径 16.5、孔径 4.6、厚 1.2 厘米

汕头市博物馆藏

玉呈深浅相杂的墨绿色，杂以灰白色沁，局部有褐红色斑。素身，器表抛光，边沿有残损，内孔双面对钻，留有钻痕。与良渚文化玉璧相似。

2 玉环

新石器时代

外径 13、内径 6.5、厚 0.6 厘米

顺德区博物馆藏

玉质泛黄，受沁严重，呈白色，俗称"鸡骨白"。素身，外沿不太规整。

3 玉斧

商

长 12.5、刃宽 5、厚 1.4 厘米

汕头市博物馆藏

青白玉，器表润泽。整体呈长方形，上厚下薄，顶端有一穿孔，孔一侧成斜角，单面刃。

4 玉斧

商

长 15、刃宽 5、厚 1.3 厘米

汕头市博物馆藏

玉呈墨绿色。整体呈上窄下宽的长条形，顶部有一穿孔，孔上端残损，双面刃。

5 青玉璧

西周

外径 3.2、孔径 1.3 厘米

顺德区博物馆藏

青白玉，玉质夹杂白斑，局部受沁，呈白色。素身，通体抛光，内、外沿规整。器形较小，供佩带之用。

6 玛瑙环（三件）

战国

外径 3.3~3.7、内径 1.8~2.4、厚 0.4~0.7 厘米

高要市博物馆藏

三件一组，玛瑙质，透明度较好。素身，器表光泽度较强。内沿厚，外沿薄，孔内斜削，外周边沿两面由内向外呈斜坡状收窄，成角线。此类造型的玛瑙环多见于战国。

7 玛瑙镯

战国

外径 7、内径 5 厘米

广东省博物馆藏

玛瑙红、褐黄、白相间，透明。圆形镯，镯内微弧，外廓呈菱形。

8 白玉谷纹璧

汉

外径 13、孔径 3.8、厚 0.4 厘米

顺德区博物馆藏

白玉，带灰白色沁，局部有黑斑。璧身断裂，内、外沿起边线，并以减地法雕谷纹，谷纹排列整齐，饱满。

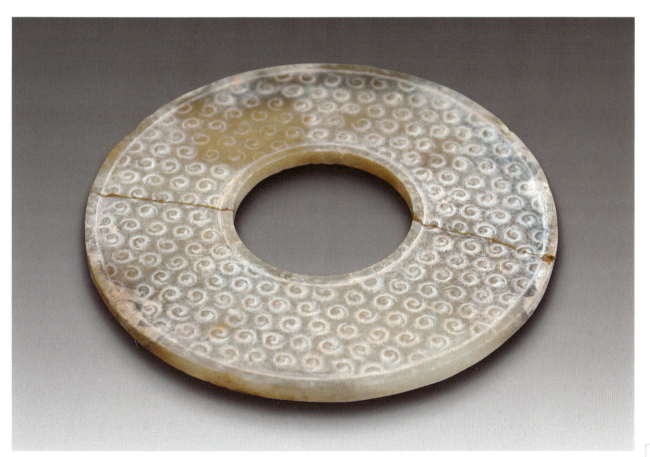

9 **青玉谷纹璧**

汉

外径13.9、孔径3.4、厚0.3厘米

清远市博物馆藏

青玉，局部受沁呈灰白色。璧身断裂，内、外沿以阴刻线雕琢，谷纹微凸，排列整齐。

10 玉兔

唐

长 3.6、高 2.4 厘米

佛山市博物馆藏

白玉质，带黄褐色沁。圆雕，兔作卧伏状，用几道粗阴刻线区分头部、耳部和四肢并加以磨光，刀法简洁。小兔通体滚圆，再辅以小点眼，长竖耳，写实性强。腹部有一横穿。

圆雕玉兔在唐代玉器中比较少见。

11 白玉童子

宋

宽 1.8、高 4.8 厘米

广东省博物馆藏

白玉，片状立像。头面较平，五官推磨，长衣短裤，双手拱于胸前，左手持莲依于肩背，两脚前后错置，似行走状。

12 白玉双螭灵芝纹炉顶

金

宽 3.5、高 3 厘米

中山市博物馆藏

白玉质，带黄褐色皮。外层镂雕双螭衔灵芝包裹玉芯，双螭圆眼竖耳，毛发向后飘拂，"人"字形肩，颈部和灵芝均雕以深刀。器底平，有两组穿孔。玉炉顶即香炉盖的纽，亦有用作帽顶。

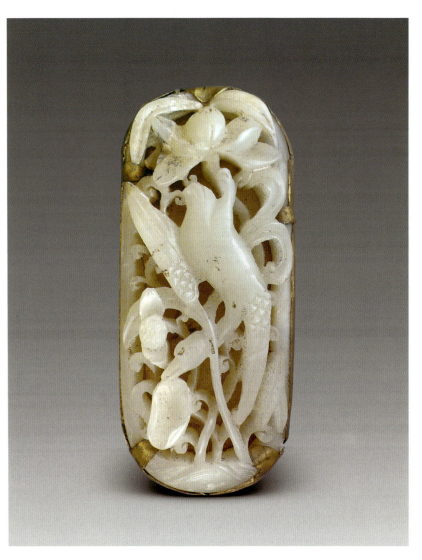

13 白玉芦雁穿莲纹带饰件

金

长 8.5、宽 4、厚 1 厘米

广东省博物馆藏

白玉。椭圆形。框上镂通浮雕"春水图"：纵横交错的荷叶、芦草中，一只芦雁因受惊吓，猛地一跃扎入草丛中。此饰件花叶肥厚，镂空的枝杆层层叠起。阴线作水波纹、花叶筋脉及芦雁羽毛的细微修饰，饰件以金属镀金包底，整体雕工精巧，立体感很强。

14　白玉通雕如意云纹饰件

宋至元

长 5.2~7、宽 2.6~2.7、厚 0.8 厘米

广东省博物馆藏

　　白玉，玉质莹润，有花黄褐色沁。片状长条形，三件均通雕如意云纹。二件小者。大小相近，两端平直，另一件较大，一端平直，一端半弧圆形。正面以通雕、浮雕的技法雕如意云纹，背面均作对穿孔。大的为二组穿孔，二小者为四组穿孔，可作系用。此佩如意云纹线条雕琢流畅，旋涡云纹立体强感。

15 白玉通雕灵芝双螭纹饰件

明

长6、宽4.5、厚0.5厘米

广东省博物馆藏

白玉，玉色微黄。椭圆形，微弧。泛玻璃光。佩饰通雕两螭纹盘旋于灵芝花草间，螭头尾相接盘转，躯干扭动呈"S"形，耸肩，前足降状，后腿弓步后拉，阴刻脊背，背脊两侧短阴刻线琢"二"字纹表现肋骨，纤细阴刻线火焰纹表现蟠螭身体上飘动的皮毛。二螭中间雕一灵芝，螭或口衔灵芝，或咬着草蔓。背面平，光素无纹。在螭的头颈、花枝处多可看到重刀的痕迹。

16　白玉通雕杂宝纹如意瓦子

　　明

　　长 9.5、宽 8.2 厘米

　　广东省博物馆藏

　　白玉，微泛黄。椭圆形片状。椭圆框上雕枝蔓缠绕的荷叶、荷花，其间雕有葫芦、花篮、芭蕉扇及展翅飞翔的仙鹤。整件佩饰镂空浮雕，立体感较强。

17　白玉龙纹带饰板

明

通长 9、宽 7.7、厚 8.2 厘米

广东省博物馆藏

白玉，玉质洁白莹润。带饰板呈长方形。剔地浮雕四爪龙，龙侧首，双鹿角，大鼻，张口露齿，上下圆眼，阴刻锯齿眉，躯体细长，饰阴刻斜方格纹鳞片。龙首左、右两侧各雕一只飞鸟。此带板以红木竹节形框镶包，封底中作一圆穿孔。

18　白玉通雕双螭纹佩饰

明

长 5、宽 3.8、厚 0.5 厘米

广东省博物馆藏

白玉。平椭圆形，正、背琢饰。通雕一大一小双螭纹，双螭顺一方向，大螭虎形头，身躯呈"S"形扭动，前足如降状，后肢像弓步，口衔灵芝草，小螭独角，回首与大螭相对，口咬着大螭所衔灵芝的茎蔓。佩中二螭头尾相接，似前呼后应，戏耍争玩的情景。

19　白玉龙纹桃形带饰板

明

长 6、宽 5、厚 0.7 厘米

广东省博物馆藏

白玉。片状桃形带饰板，随形窄边框，框内平地浮雕四爪龙纹，龙双鹿角，平行圆眼，大鼻张口，毛发从后向前冲，身细长，爪似风车。背面平，光素无纹。此饰件图纹简洁，雕工细。

20　白玉通雕龙纹带饰板

明

长 7.3、宽 6.3、厚 0.5 厘米

广东省博物馆藏

白玉，玻璃光强。长方形片状，饰板双层通雕装饰，细窄外框，通雕花草纹底子上雕菱花形开光，开光内雕四爪升龙，圆眼，大鼻，张口露齿，一束龙发上冲，躯干呈 "S" 形向上腾空而起，开光外四角以飞燕、磬、折枝花作衬饰。

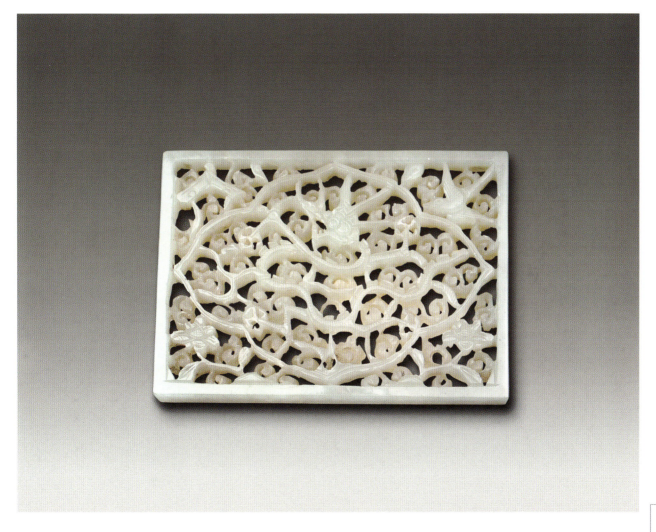

21 白玉双龙戏珠纹镯

明

直径7.5、厚0.8厘米

广东省博物馆藏

白玉。圆形。雕九连珠、双龙戏珠纹。

22 青玉双龙戏珠纹镯（一对）

明

直径7.9厘米

韶关市博物馆藏

青玉。圆形。上半部琢双龙戏珠，龙突眼，额微凸，有三道阴刻线，双角，下半部琢连珠纹九颗。

23 青玉圆雕卧马

明

长 4.5、高 3、厚 1 厘米

广东省博物馆藏

圆雕摆件。马为回首伏卧状，头颈较短，阴刻线勾出菱形眼，小耳，额头两络长发，分向两侧，颈后长鬣下垂。胸部与臀部圆鼓，背部脊线凸起，前足屈膝着地，后肢卧于腹，长尾卷置腹下。

24 白玉卧鹅衔穗摆件

明

长 4.5、宽 3.5、厚 2.3 厘米

广东省博物馆藏

白玉。圆雕卧鹅。鹅体肥硕，长颈回首衔嘉禾谷穗，双足隐于腹下，阴刻推磨杏核眼，羽翅则以短阴刻线琢饰。作品雕工精细，生动写实。

25　白玉双鹅摆件

明

长 8、宽 3.4、高 3.3 厘米

顺德区博物馆藏

白玉质,局部有褐色斑。双鹅曲颈相对依偎在一起,口衔瑞草,圆眼。鹅身丰腴圆润,尾部上翘,双翅的羽毛以阴刻线表现,富有层次感。

26　玉双獾

明

长 4.9 厘米

中山市博物馆藏

玉呈黄褐色。双獾一前一后,前者蹲伏,昂首,双目前望,尾部向上卷曲;后者趴于前者尾部,作嬉戏玩耍状,应为母子,母獾的眼、鼻、颈、腿、尾巴和子獾的眼、耳、腿均以深雕法琢出,爪部则以粗阴线表现,立体感极强,非常传神、生动。獾谐音"欢",寓喜庆之意。

27 白玉双獾

明

长 4.6、宽 3.3、厚 1.5 厘米

佛山市博物馆藏

玉质洁白莹润，抛光细腻。镂雕，双獾回首侧身，首尾相对。短吻，圆眼，竖耳，长尾。獾身肥硕，四肢肌肉丰满，爪圆润。

28 青玉佛手

明

高 5.3 厘米

顺德区博物馆藏

青玉。器形浑圆厚实，佛指呈合拢状，底部衬以枝叶，雕琢简洁自然，写实性极强。佛手有"佛佑"和"多指"之寓，是明清时期喜用的题材。

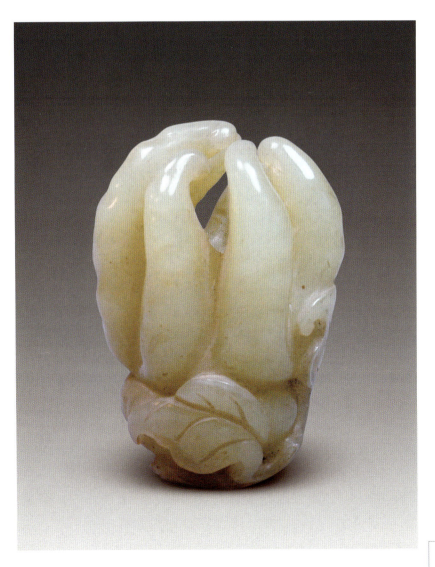

29 玉剑格

元至明初

长 5.5 厘米

中山市博物馆藏

白玉质，带赭黄色沁。呈蝙蝠形，正面浮雕龟吐祥云图案，寓"福寿吉祥"之意，为元明时期常见题材。器表雕琢粗犷，管钻痕迹明显，应为元末明初器物。背面光素无纹。

玉剑格为剑饰之一，镶嵌于剑柄与剑身相交处。以玉饰剑，战国、西汉流行，宋以后历代有仿，主要供文人雅士把玩。

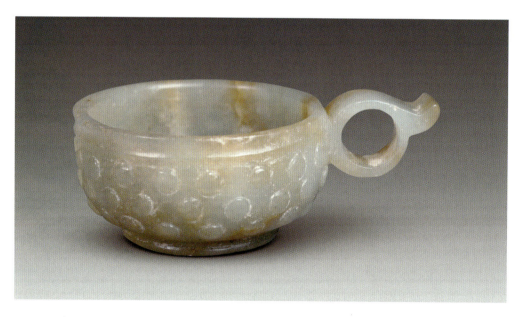

30 白玉乳丁纹单耳杯

明

口径 4.7、底径 3.1、高 2.3 厘米

顺德区博物馆藏

白玉，局部有赭黄色沁。杯呈圆形，环状耳，圈足。杯身饰三排乳丁纹，地子不加修饰，可见加工痕迹，这是明代玉雕工艺特色。

31　玉螭纹镇纸

明

长 14.4、宽 2.8 厘米

佛山市博物馆藏

　　玉呈灰白色，局部有白斑，带灰色丝状沁。器表浮雕一爬行状螭，螭身粗壮，口衔灵芝，圆眼，额部有二道阴刻线。四肢肌肉丰满，尾分叉向上弯曲。

32 青玉螭纹璧

清

直径 7.2 厘米

江门市博物馆藏

青白玉。扁圆形,中有孔。正面浮雕一口衔端阜的螭虎,首扁长,圆眼,大鼻,长发后飘,体形丰满,四肢有力,爪圆润。背面用减地法饰六个相连的如意云纹,如意云纹中饰乳丁纹,阴刻边线。

33 青白玉环

清

外径 12、内径 6.7 厘米

广东省博物馆藏

青白玉，玉质莹润，有黄褐色沁，通体光素无纹。玉环呈扁圆形，孔径大于肉。

34 白玉乳丁纹玉璧

清

直径 5.5、厚 0.5 厘米

中山市博物馆藏

青白玉，抛光细腻。扁圆形，边沿规整。器身饰三圈微凸乳丁纹，大小微有区别，排列疏朗。此件玉璧去古意甚远，应为清代仿古器。

35 青玉苍龙教子带钩（二件）

清

长 8.6、11 厘米

左为清远市博物馆藏 右为韶关市博物馆藏

青玉质。龙首为钩，头部微隆，凸眼，方口。钩身浮雕一爬行状小螭，寓意"苍龙教子"。

36 白玉双螭龙首带钩

清

长 15.5、宽 3.5、厚 2.5 厘米

广东省博物馆藏

白玉。长条弧形，尾端平直。龙首为钩，长眼，粗眉，眉上卷，宽鼻，鼻梁凸起，眼睛下凹，大嘴微张露齿，头顶出双角，钩身上镂空雕双螭，双螭四肢离地腾空，扭动身躯，头相对，同咬一灵芝于口中，呈对峙争斗状。钩背近尾处雕圆形脐。

37 白玉螭纹龙首带钩

清初期

长 5、宽 3、厚 1.8 厘米

广东省博物馆藏

白玉。类琵琶形，尾端平直。龙首为钩，长眼，粗眉，眼睛下凹，宽鼻，嘴微张露齿，腹上雕一小螭龙，身躯呈"S"形盘绕，口衔灵芝爬行，钩背面近尾处雕圆形脐。

38 青白玉长方形带扣

清

长 11.3、宽 4.7、厚 2 厘米

广东省博物馆藏

青白玉。长方形。带扣由钩首、钩环两部分组成，钩首作龙头形，钩身弧拱，光素无纹，钩背作长条桥形穿，可系带。

39　白玉雕龙首蝉纹带钩

清

长 7.5、宽 1.7 厘米

广东省博物馆藏

　　白玉，玉质光洁莹润。带钩呈琵琶形，龙首为钩，钩身雕饰一只伏蝉，钩背面雕圆形脐。此钩琢磨精细，以蝉作钩身装饰的题材较新颖独特。

40　白玉卧马形带扣

清

长 8.9、宽 4.9 厘米

佛山市博物馆藏

　　白玉，带红褐色皮。马呈卧伏状，曲颈回首，四肢屈于腹下。菱形眼，鬃毛和马尾用细阴刻线表现，线条流畅。背部有两个光素无纹的圆形纽，供在带上固定。

41 汉白玉弥勒佛像

清

高 21.7 厘米

顺德区博物馆藏

汉白玉。弥勒佛屈一腿而坐，头大浑圆，双耳垂肩，满面带笑，身上披一条飘带，袒胸露背，左手执布袋，右手握念珠搭于膝上。整器雕琢概括传神，阴刻线既宽又深，且带斜刀。打磨圆滑光洁。

弥勒，佛教菩萨之一。又称布袋和尚。

42　白玉童子像

清

高 6.3、宽 3 厘米

广东省博物馆藏

白玉，光洁莹润。片状立像。小童梳两髻，脸带微笑，长衣裤，腰系带，双手捧盆于胸前，双脚前后错置，似行走中，背面有两组对穿孔。此玉童子像五官推磨、衣纹线条雕刻流畅。

43　白玉童子像（二件）

清

高 5.5、4.5 厘米

江门市博物馆藏

白玉质，局部带红褐色沁。圆雕，童子头大浑圆，面带笑容，身着过膝长衫，阔脚裤，交叉腿，似行走状。整器刀法简洁，形象写实、生动。

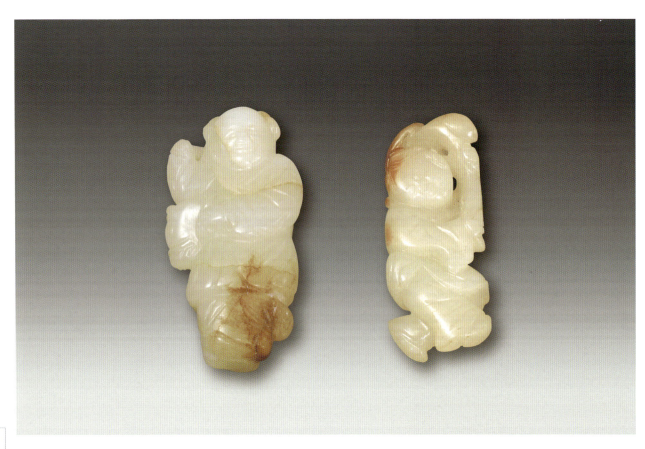

44　白玉螭虎金瓜佩

清

长 4.2、宽 3.9 厘米

佛山市博物馆藏

白玉，带皮。镂雕一螭环抱金瓜，螭首雕刻简洁，重点雕出双眼、双耳。身形较丰满，爪圆润。

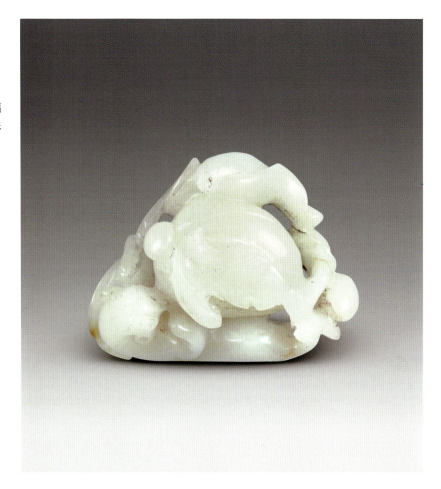

45　白玉三多佩

清

长 5.5 厘米

中山市博物馆藏

白玉。镂雕，以桃子为主体，两侧雕琢佛手和石榴，并衬以枝叶。桃、佛手、石榴寓多寿、多福、多子之意，俗称"三多"，为清代民间常用题材。

46 白玉鱼龙佩

清

长8、宽4厘米

顺德区博物馆藏

玉质洁白圆润，带桂花皮。鱼龙身体弯曲成"S"形，用镂雕技法雕出龙首、龙身和龙尾，龙额饱满，龙角向后，嘴下有须，身上有不规则的阴刻云纹，腹下饰波浪纹，龙尾分叉向两边卷曲。

47 白玉瑞兽纹牌

清

长4.9、宽2.6、厚0.6厘米

佛山市博物馆藏

白玉，带黄褐色沁。器呈扁长方形。顶部饰如意云纹。正面去地雕一蹲状瑞兽，兽昂首仰天，独角，额饱满，毛发下垂，短嘴勾鼻，双眼微凸。背部起脊线，腹部刻阴线，腿部饰火焰纹。背面刻"富"和"受天百禄"文字。

48 白玉双桃如意形锁牌

清中期

长 7.6、宽 5.5、厚 0.6 厘米

广东省博物馆藏

白玉莹洁。玉牌做如意锁形，阳纹凸起边框，正面剔地浅浮雕折枝双桃、方孔钱和蝙蝠纹，寓意"富寿双全"。

49 白玉梅花山石纹牌

清

长 7.6、宽 6.3、厚 0.5 厘米

广东省博物馆藏

白玉，玉质润洁。长方形片状。正面浅雕山石、梅花、灵芝等纹样，梅树生长于山石旁，枝干苍劲。背面的三组对穿眼，可做镶嵌固定之用。

50 镶白玉福寿纹饰盒

清中期

长 13、宽 11.6、高 7.7 厘米

广东省博物馆藏

白玉，玉质洁白。椭圆形玉件，玉嵌件呈弧形凸起，剔地浮雕折枝双桃、蝙蝠、祥云，长、短阴刻线修饰蝙蝠和桃叶的细部，寓意"福寿双全"。此玉嵌饰雕工精美，线条流畅。玉件镶嵌于红木盒盖上，盒、盖做成菊瓣形，盒底平。

51 青白玉通雕瓜瓞绵绵纹饰件

清

长 4.7、宽 4.5、厚 0.7 厘米

广东省博物馆藏

青白玉，玉质光洁。通雕瓜瓞绵绵
纹。背面微弧，做龟背形纹。

52 青白玉莲藕菱角蜻蜓纹饰件

清

长 5.3、宽 4.7、厚 1.2 厘米

广东省博物馆藏

白玉，玉质洁白莹润。圆形片状。饰
件以通雕、浮雕琢制而成，正面雕菱角、
蜻蜓，背面雕截面莲藕。整个饰件雕工妍
熟，造型别致。

53　白玉通雕和合二仙饰件
清早期

长 3.4、宽 2.7、厚 0.3 厘米

广东省博物馆藏

白玉。扁平长方形。通雕和合二仙图。空间余地雕缠枝花草纹。

54　白玉通雕福寿纹锁牌
清

长 9、宽 5.5、厚 0.6 厘米

广东省博物馆藏

白玉。如意锁形。随形细边框内通雕桃、灵芝、瓜蔓及一只蝙蝠，取其"福寿延绵"之意。

55 白玉通雕绶带鸟纹饰件

清

直径 5、厚 0.6 厘米

广东省博物馆藏

白玉。圆形片状。竹节形圆框，内通雕绶带鸟立于花枝上，鸟张口，作回首态，长尾，间以花卉、祥云纹样衬托。

56 白玉回纹工字形牌

清

长 6.5、宽 6、厚 0.6 厘米

广东省博物馆藏

白玉，玉洁白莹润。"工"字形片状。正面通雕对称回纹，居中雕圆框四叶花。背面平整无纹。

57 白玉三多牌

清

长 5、宽 2.7、厚 0.3 厘米

广东省博物馆藏

白玉。长方形片状，上、下两端弧圆。上端浅浮雕夔龙纹，中间有一小系穿，可用系带，下端做如意云形。玉牌的正中呈委角长方形边框，阳文雕"三多吉庆皆如意"铭，阴刻方形"玩"印。

58 白玉五岳真形饰件

清

长 4.5、宽 3.1、厚 0.7 厘米

广东省博物馆藏

白玉。长方形片状。饰件正面减地琢五岳图纹。背面四边平向内凹，左、右部各有一对穿眼。

59 白玉雕菱角

清

长 6.5、宽 3 厘米

广东省博物馆藏

白玉，玉洁白温润，有浅褐黄色沁。仿生圆雕菱角。作品雕工圆滑，写实生动。

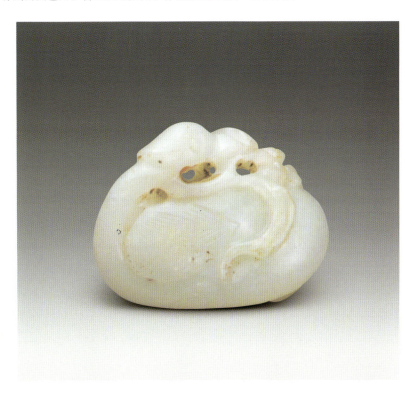

60 白玉圆雕卧鹅

清

长 3.5、宽 2.6 厘米

广东省博物馆藏

白玉圆雕，鹅长颈回首、小圆眼、双翅
紧收，口衔折枝荷花，荷花、荷叶浮雕于身，
双翅羽毛以阴线修饰。

61　白玉通雕人物佩

清

直径6、厚0.4厘米

广东省博物馆藏

　　白玉。圆形片状。通雕一男一女形象,男子头戴扑帽,着宽袖衣,腰系带饰,手持笏板,女子长衣宽袖,头梳髻发,手持灵芝草。二人均做步履状。在二人中间,上雕一倒挂的蝙蝠,下饰一昂首的鸟,余地以祥云、连枝瑞草等纹饰衬饰,背面平,光素无纹。

陶 瓷

1 彩陶方格网纹双耳壶

新石器时代

口径10、底径11.3、高30厘米

清远市博物馆藏

鼓腹，平底，双耳用泥条捏制，腹身构图饱满，花纹笔道粗犷。

彩陶是我国新石器时代文化遗存中一种精美的陶器，其主要特征是在陶胎上描画红、黑、赭、白等色彩绘，经过压磨，然后用火烧结。在彩绘形式上可分为图案和写实绘画两大类，图案主要包括植物花纹和几何形线条，写实绘画题材包括鱼、蛙、鹿等图案。

2　彩陶涡纹双耳罐

新石器时代

口径 17.4、底径 10.5、高 29.5 厘米

清远市博物馆藏

侈口，鼓腹，双耳用泥条捏制。彩绘
图案由黑、红两彩相间的锯齿纹和漩涡
纹构成，色彩鲜明，图案设计严谨。

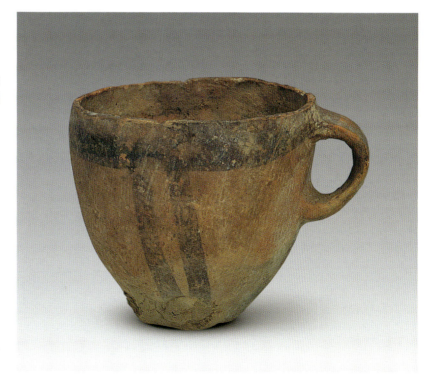

3　彩陶单耳杯

新石器时代

口径 12.5、底径 5、高 19.5 厘米

东莞市博物馆藏

胎质呈土红色，泥条形杯把，杯身彩
绘黑色平行条纹。

4　原始青瓷双耳兽首鼎

战国

口径 13、高 13.5 厘米

广东省博物馆藏

平口，口沿处装对称双耳，前后装一兽头和小尾。腹中部印一弦纹。三兽足。器内旋轮痕甚粗，底部有切割的旋纹，施青黄釉不匀，属战国早期的原始青瓷。

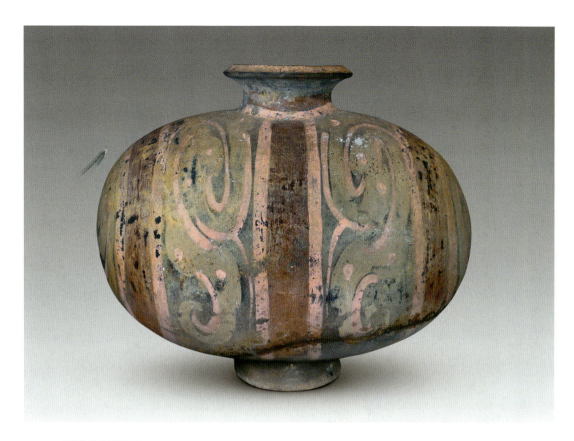

5　彩绘陶茧形壶

西汉

口径 9、底径 8、高 23 厘米

鹤山市博物馆藏

侈口，短颈，鼓腹，小圈足，整体呈茧形。腹部用红、黑彩绘几何形图案。

此种造型初为战国时期秦国所产，后盛行于西汉。

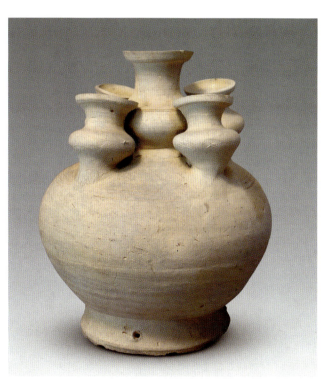

6　陶五连罐

汉

口径（中管）6.2、腹径 18.5、通高 23.5 厘米

中山市博物馆藏

此器又名五管瓶，置于中心的大管周围附堆起四个小罐，小管与器腹间互不贯通。素胎，胎体粗松。

东汉、三国墓葬中常见的随葬品，多流行于广东、广西、湖南、福建等南方及东南沿海地区。东汉中期后，有的五联罐器身变高，腹部出现人和禽兽的堆塑，逐渐演变为堆塑阁楼的谷仓罐。

7　绿釉陶井

汉

高 26 厘米

广东省博物馆藏

明器。平底，人形提梁，满施绿釉。旁有一小桶。此类明器流行于汉代至西晋。

8　绿釉陶小鸭

东汉

长 3.5~7、高 2.5~5 厘米

中山市博物馆藏

　　七只鸭子全身比例均匀，形态各异，有的低头、有的转头、有的头颈微微向前探出，羽毛刻划得惟妙惟肖。躯体的下部留一块泥团，刻画出鸭掌。

　　低温釉陶是我国陶瓷发展史上一项重要成果，由于是低温烧成，故胎与釉结合不紧密。胎质粗松，和釉层经常摩擦、遇潮容易剥落变质或产生溶蚀，溶蚀的沉积物浮于釉表，经长时间一层层积累变厚，因光线的作用就会产生银色光泽，这种光泽通常被称为"银釉"。（见图9）

9　绿釉陶猪羊

东汉

高 5.2、6.4 厘米

珠海市博物馆藏

　　羊呈卧状，头向前，躯体肥壮。猪身长，伏首，竖耳，作觅食状，四蹄短而肥。造型简单，通体施绿釉。

　　此类器物作为随葬品，除了鸡、鸭、狗、羊等动物造型外，还有大量的仓、井、灶、阁楼等模型。因作为明器随葬，所以只注重轮廓，不注意细部的刻画。

10 绿釉陶三足炉

东汉

口径 19.7、底径 19.5、高 15.5 厘米

高要市博物馆藏

直口，深腹，直身，三足。通体施绿釉，炉身堆塑铺首、动物等图案，造型稳重大方。

11 青釉鸡首壶

东晋

口径 9.7、腹径 22.2、高 26 厘米

中山市博物馆藏

此器又称天鸡壶、鸡头壶。盘口，短颈，溜肩，深腹，平底。盘口与肩之间安泥条执柄，鸡首形流，肩部安桥形系。胎质粗松，通体施青釉。

鸡首壶流行于晋至隋。三国、西晋时壶身、壶颈较矮，鸡首多无颈，肩部相对处带鸡尾，较小。东晋壶体略高，鸡首有颈，鸡尾消失，东晋中、晚期在把手的上端饰龙首和熊纹。南北朝时期，壶身修长，鸡首的冠部较大，颈部细长，盘口增高。隋代的鸡首壶趋于写实，壶柄贴塑龙形饰。

12 青釉虎子

西晋

长 26、高 9.4 厘米

广东省博物馆藏

身作茧形，虎口部印虎头纹，提梁为半圆形，四爪伏地，通体施青釉，釉色莹亮。造型极为精致。

13 青釉灯

南朝

口径 9、高 11.6 厘米

佛山市博物馆藏

下半部碗状，内有一灯芯，两边饰有花形口，喇叭形足，通体施青釉。

此类器形始于东汉，盛行于三国以后，由油盏、托柱、承盘三部分组成。三国两晋时期，有的托柱做成熊形，并在承盘下安三个兽形或蹄形足。南朝的灯盏多无足，而托柱变得细长。唐代常见多为碗碟状。到了明代，灯盏式样有很多的变化。这件南朝青釉灯的造型比较新颖特别处在于托柱的两边饰有花形口。

14 青黄釉五足砚

南朝

口径 10.9、高 3.9 厘米

封开县博物馆藏

圆形，砚面下凹，平底，五足。施青釉，砚面不施釉。

15　青白釉双龙耳盘口壶

唐

口径 7.9、腹径 19.5、底径 9.7、高 33.2 厘米

高要市博物馆藏

盘口，长颈，溜肩，深腹，平底。龙首张口衔瓶，胎质粗疏，胎色青白，施化妆土，施釉不到底。各部分比例协调，线条流畅，端庄秀美，应为摹仿波斯萨珊朝金银器制造。

16 长沙窑瓷塑动物

唐

长、高 3~6 厘米

深圳市博物馆藏

　　属于长沙窑的品种之一。以青釉为主，在青釉下描绘铁、铜为着色剂的褐、绿彩纹饰，装饰于器物上。玩具造型生动可爱，形象逼真，除了可以用来把玩外，应该还是一种乐器。

17　长沙窑酱釉点彩青蛙

唐

长 4.5、宽 2.6、高 3.6 厘米

封开县博物馆藏

整体作蛙形，前足直立，后肢屈曲，蛙头向前伸出。通体施青釉，在青釉上点彩。

18　长沙窑褐釉点彩小鸟

唐

长 5.6、高 3.5 厘米

封开县博物馆藏

鸟作蹲状，小嘴，长颈，以线条简单、清晰的手法表现鸟的翅膀和尾巴。通体施褐釉，在褐釉上点彩。

19　长沙窑褐釉猴子骑马玩具

唐

长 7.2、宽 4.3、高 8.3 厘米

封开县博物馆藏

马立于长方形平板上，四腿直立，头前伸，双耳竖起，胸阔臀圆，矫健俊逸，一猴骑在马背上，寓意"马上封侯"。施褐釉。

20　长沙窑褐彩双系执壶

唐

口径 6.9、高 18 厘米

封开县博物馆藏

侈口，直颈，鼓腹，饼形足。条形双系和柄，瓜棱流，施褐色釉。为典型长沙窑风格。

长沙窑是唐代最重要的瓷窑之一，烧制的品种非常丰富，有碗、杯、瓶、罐、壶、灯盏、水注及玩具等等。以青釉为主，兼烧褐釉、酱釉（见图29）、白釉器，装饰手法有彩绘、印花、贴花等。长沙窑盛行釉下彩绘，在青釉下描绘褐彩和褐绿彩（见图21），题材有人物、山水、花鸟（见图24），除绘画外还有题诗（见图23）、俗语、谚语等。彩色斑点的装饰比较普遍，有的单用褐色，有的褐绿并用（见图26），模印装饰在唐中晚期出现，多饰于壶、罐的肩腹部及系部，有人物、花鸟、双鱼、椰枣、叶纹等（见图22、25）。

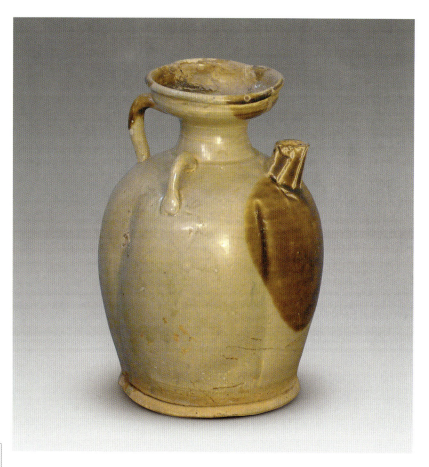

21　长沙窑青釉褐斑双系执壶

唐

口径 7.9、高 18 厘米

清远市博物馆藏

长沙窑，盘口，平底，管状短流，颈肩之间安泥条柄，肩部安对称泥条系。施青釉，饰褐斑。

22 长沙窑双鱼纹双系执壶

唐

口径 6.6、底径 11.6、高 22.3 厘米

中山市博物馆藏

侈口，长颈，丰肩，深腹，平底。管状短流，颈肩之间安泥条柄，肩部安对称双泥条系，腹部贴双鱼纹。施褐色釉。

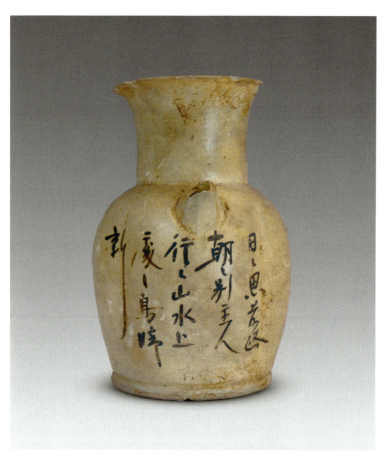

23 长沙窑彩绘诗文执壶

唐

口径 8.7、底径 10.2、高 18.7 厘米

广东省博物馆藏

敞口，直颈，瓜棱腹，饼形足，饰并条形柄，短流。腹部绘花卉纹，并题诗文，施绿彩。

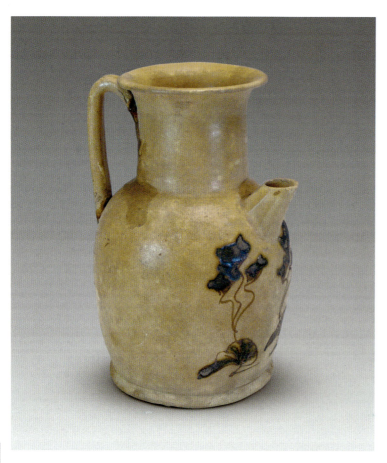

24 长沙窑绿彩花鸟纹执壶

唐

口径 8.7、底径 6、高 18.7 厘米

广东省博物馆藏

直口，稍外侈，直颈，溜肩，高身，平足，颈至肩部塑条形柄。腹部绘花鸟纹，施褐绿彩釉，有细小开片。为湖南长沙窑产品。

25 长沙窑青釉褐彩贴花人物双系执壶
唐
口径 9.2、底径 15、高 22.5 厘米
广东省博物馆藏
侈口，直径，筒形腹，饼形足。塑并条形双系和柄。瓜棱流，两耳下贴胡服杂技人物纹，施褐色釉。

26　长沙窑青釉绿斑点纹双耳罐

唐

口径 8、底径 8.3、高 13.2 厘米

广东省博物馆藏

侈口，直颈，溜肩，筒形腹，平底，颈至肩部饰圆条形双耳。腹部以褐、绿两彩点联珠纹，施青色釉不到底，釉面有小开片。

27　长沙窑青釉瓜棱双耳罐

唐

口径 11、底径 12、高 13.3 厘米

广东省博物馆藏

唇口，短颈，平足，瓜棱腹，肩部饰双耳，通体施青釉。

28 西关窑白釉执壶

唐

口径 8、底径 8、高 16 厘米

广东省博物馆藏

短颈、向下渐收，丰肩，圆腹，底部丰满，平底。口沿下部至肩部有一扁带状弧形柄，肩部装圆形短直流。通体施白釉，釉色匀净，有小开片。底无釉。此壶造型古朴，为河南密县西关窑白瓷器。

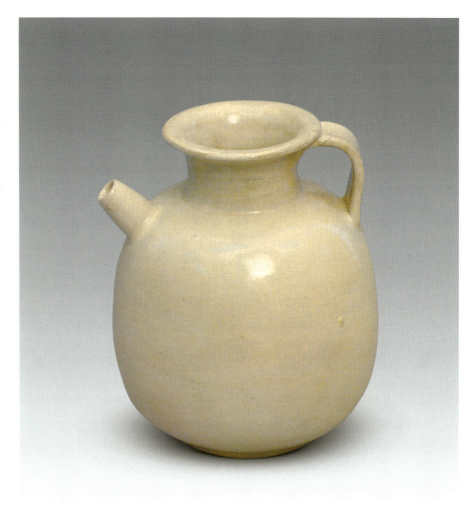

29 长沙窑酱釉把壶

唐

口径 5、高 9.5 厘米

封开县博物馆藏

圆唇、短颈，鼓腹，平底，管状流，长柄。胎质粗松，施黑釉不到底。

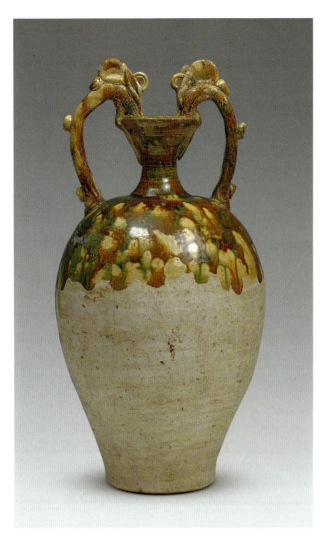

30 三彩双龙耳盘口壶

唐

口径 6.2、底径 9.2、高 29 厘米

清远市博物馆藏

盘口，短颈，溜肩，深腹，平底，双龙耳，龙首张嘴衔瓶。胎体较白，施化妆土，三彩釉施釉不到底，釉色绚丽多彩，器形造型生动优美，当属北方窑的作品。

31 黄釉短流执壶

唐

口径 6、底径 8、高 28.7 厘米

汕头市博物馆藏

圆唇，短颈，丰肩，深腹，平底。管状短流，颈肩之间安双泥条柄，肩部对称安双泥条系，肩及上腹部饰席纹。胎质较细，胎色浅灰，施黄釉，釉色均匀明亮。

32　黄釉生肖俑

唐

高 23.9、23.9 厘米

广东省博物馆藏

俑站立，着对襟大袖佛服，身施黄釉，头部不施釉。

33 彩绘镇墓兽

唐

高 42.8 厘米

斗门区博物馆藏

　　人面兽身，头部微上昂。头顶一根独角弯曲上刺，怒目圆睁，鼻尖上翘，圆形大耳，颈部以下为兽身，短颈，挺胸，收腹，前肢直立后肢屈曲，作蹲坐式。胎色灰白。

　　镇墓兽是古代墓葬中常见的一种明器，多以怪异、狰狞的猛兽形象出现，一般置于墓门内的两侧。镇墓兽最早出现在春秋战国时期，造型比较抽象、简单，以后逐渐向兽类演变，到了汉代出现为"独角兽"。魏晋南北朝时，兽的头和脊背上长了好几只角，显得更威严凶猛，同时出现了丑陋凶猛的镇墓人俑。进入隋唐以后，镇墓兽多为凶猛异常的人面和兽面形象（见图34）。宋代以后，镇墓兽随葬的风俗逐渐消失。

34 三彩镇墓兽

唐

高 35.5 厘米

佛山市博物馆藏

此兽面目狰狞，巨口獠牙，前额长出一对羊角，两颊鬃毛飞扬，凶猛异常。前肢撑立，后肢屈曲，作蹲坐式。

35 彩绘马

唐

长 28.8、高 28.6 厘米

佛山市博物馆藏

马直立于一长方形板座上，高大魁梧，挺拔有力。两耳上耸，双目凝视下方，大口微张，头略偏左。马身有鞍具。造型生动，比例匀称，表现出马伫立时宁静的神态。

36 彩绘骆驼

唐

长 22.8、高 26.5 厘米

佛山市博物馆藏

骆驼四腿直立，昂首挺胸。双峰间有毡垫，两端之间有袋装之物，并作有浮起的兽面形纹饰。

唐代是我国古代中外交通非常发达的时代，骆驼是当时联结中西重要的交通工具。胡人牵骆驼、胡人骑骆驼或是骆驼俑是唐代陶塑的常见题材。工匠师以其丰富的手法表现了骆驼高大稳健、背负重载和耐饥渴、耐劳苦的特点（见图37）。

37 彩绘骆驼

唐

长 42.1、高 46.4 厘米

佛山市博物馆藏

骆驼昂首直立于一长方形板座上，圆目突出，纵鼻闭口，体态健壮。

38 彩绘天王俑

唐

高 70 厘米

鹤山市博物馆藏

此俑高大魁梧，头戴圆顶翘耳状头盔，方形大脸，紧锁双眉，两目圆睁，怒视前方，右臂上屈，手紧握拳，左臂下弯，手叉腰间。双脚踏于一怪兽上。身披战甲，不饰甲片。

此俑属盛唐时期作品，塑造的是一位威风凛凛的金刚力士。天王俑的制作工艺考究，眼耳口鼻、铠甲革带都雕刻得十分细腻，反映的不再是实战的武勇，而是炫耀墓主生前富贵和威仪的奢华卫士。（见图 40 ）

39　彩绘立俑

唐

高 74.5 厘米

鹤山市博物馆藏

立俑站立于一台座上，大眼高鼻，双眼
正视，双手叠置于胸前，作持物状，衣纹线
条流畅。

初唐时期人物形象清秀，衣衫紧窄，到
盛唐以后多褒衣博带，仪态丰满，这件彩绘
立俑应为盛唐时期的作品。

40 彩绘天王俑

唐

高 72.1 厘米

顺德区博物馆藏

此俑高大魁梧，头戴圆顶翘耳状头盔，身披甲胄。方脸，粗眉，两目圆瞪，怒视前方，右臂上屈，手紧握拳，左臂下弯，手叉腰间。右腿向右弓起，左腿直立，双脚踏于一怪兽上。表现出武士力大无比、威武凶猛的样子。

41　加彩天王俑

唐

高 35.2 厘米

中山市博物馆藏

天王高束发，浓眉大眼，唇上有上翘的胡须，西域
人物面相。身着战甲，右手叉腰，左手上扬握拳，下着胡
靴，踏在牛身上。此像威武有力，朱色尚鲜，是盛唐时的
墓葬所出，具有很高的历史价值和艺术价值。

42　三彩立俑

唐

高 40 厘米

顺德区博物馆藏

陶俑头戴帽冠，容貌端正，眉眼口鼻描绘清晰，外
著宽袖长袍，袖口绘花卉纹花边，足蹬履靴，站立在扁圆
形台座上。此人物俑形态逼真，釉色绚丽，在不着釉的陶
俑头部以朱涂唇，以墨笔画出眉毛、眼睛、髭须、头发，
勾勒出陶俑形态和神韵。

43　三彩镂

唐

口径 11、15 厘米，高 13、15.5 厘米

鹤山市博物馆藏

侈口，圆唇，短颈，鼓腹，三足。施三彩釉不到底，造型稳重大方。

由于三彩属于低温铅釉，在烧成过程中各种金属氧化物熔于铅釉中，形成流动和自然扩散的釉色，同时铅能增加釉面的光亮度使色彩更加美丽。（见图 44、45）

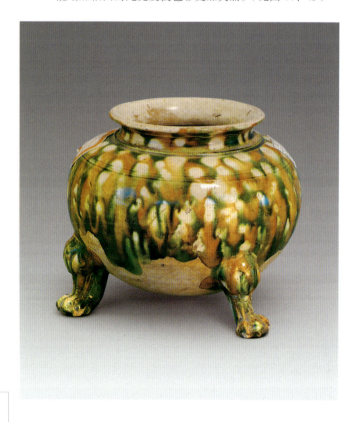

44　三彩镂

唐

口径 11.3、高 13.8 厘米

江门市博物馆藏

侈口，短颈，圆腹，三个兽足。腹部施化妆土，用铁和钴作着色剂，呈现红、蓝两种颜色，绚丽多彩。

45 三彩小杯盘

唐

口径 24.5 厘米

中山市博物馆藏

盘为敞口浅腹平底，内置小陶杯八件。胎体粗松，施化妆土，三彩釉施釉不到底。

46 绞胎罐

唐

口径 8.5、底径 8、高 13.5 厘米

中山市博物馆藏

圆口，短颈，溜肩，鼓腹，平底。器物
的胎质为绞胎，胎釉结合呈现的纹饰变化丰
富，自然流畅。

绞胎瓷是唐代陶瓷装饰的新品种，工艺
程序比较复杂，这种装饰技法借鉴漆器的犀
毗工艺。在陕西、河南的唐代墓中有出土绞
胎杯、盘、碗、罐、枕等器物。

47 绞釉枕

唐

长 16、宽 11.2、高 7.8 厘米

封开县博物馆藏

枕呈正方形,前低后高,两端微翘,枕的正面有一气孔。釉面采用了绞釉的装饰手法,使其呈现类似树木年轮或大理石的纹理。枕的下半部有剥釉现象。

绞釉,也有称绞化妆土,用不同颜色的色釉薄片贴于器物表面,外罩透明釉后入炉一次烧成,外观效果与绞胎器相近,而工艺有别。

48 绞釉枕

唐

长 15.7、宽 11.3、高 8.6 厘米

珠海市博物馆藏

枕呈正方形,前低后高,两端微翘,枕的正面有一气孔。柔软的色泥扭曲掺和,形成绞釉。枕的下半部有剥釉现象。

49　巩县窑三彩刻花枕

唐

宽 15、高 9 厘米

广东省博物馆藏

枕作腰形,抹角,前低后高。枕面印锦花纹,施黄、绿、白三彩釉,底无釉。造型小巧别致,为河南巩县窑产品。

50　三彩枕

唐

长 11、宽 9、高 5.6 厘米

中山市博物馆藏

枕呈方形,枕面饰斜方格花卉纹,施三彩釉。釉色鲜艳、绚丽。

51　三彩枕

唐

长 10.5、宽 9.1、高 5.4 厘米

江门市博物馆藏

枕呈方形,枕面饰斜方格花卉纹,施三彩釉。釉色鲜艳、绚丽。

此类造型作为明器式样很多,图案丰富,除了方格花卉纹外,有些枕面还饰双鸭、鸳鸯等动物图案。(见图 50)

52 白釉小碗

唐晚期

口径 13.2、底径 5.5、高 4 厘米

江门市博物馆藏

两件。唇口，斜腹，圆饼形圈足。两件型制相同。施白釉，其中一件釉色偏黄。

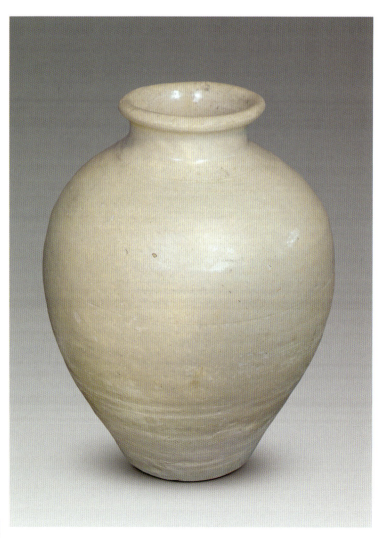

53 白釉罐

唐

口径 10.6、腹径 22.3、底径 10.8、高 29 厘米

高要市博物馆藏

唇口，短颈，深腹，平底。胎质洁白，釉色白中泛青。

54 三彩罐

唐

底径 11.3、高 23.2 厘米

新会区博物馆藏

直口，短颈，丰肩，鼓腹，下腹内收，平底。腹部用化妆土，上半部施三彩釉，以铜和钴为着色剂，呈现绿色和蓝色两种颜色，釉面有剥落。

55 三彩罐

唐

口径 12、高 19.4 厘米

清远市博物馆藏

侈口，短颈，丰肩，平底。上半部施三彩釉，釉面自然流动扩散，色彩鲜艳亮丽，形成色彩斑斓的艺术效果。

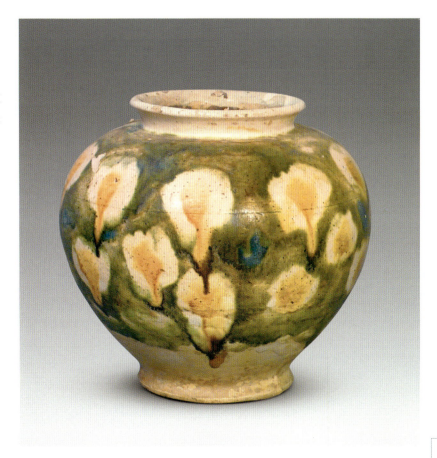

56　越窑青釉柿形盒
五代
口径 7.3、底径 4、高 4.7 厘米
东莞市博物馆藏
盒似柿形，子母口，胎为浅灰色，釉质浑厚滋润。

57　越窑青釉暗花水盂
五代
口径 5、底径 6、高 6.2 厘米
清远市博物馆藏
敛口，圆形器身，平底。腹壁刻饰暗花，通体施青釉。
早期越窑中心窑址在曹娥江流域，唐宋时期则在浙江慈溪上林湖一带。烧造的瓷器主要是青瓷。釉色青中略带黄色，后为清水般的湖绿色，正如有诗描绘："九秋风露越窑开，夺得千峰翠色来。"（唐陆蒙《秘色越器》）

58 钧窑菊瓣纹盘
北宋

口径 18.1、高 4.3 厘米

佛山市博物馆藏

侈口，斜直壁，小圈足。碗外刻菊瓣纹，施乳浊釉。

钧窑为宋代五大名窑之一，属于北方青瓷系统。其独特之处是器体布施乳浊釉，即通常所说的钧窑窑变色釉。由于釉中含铜，烧成后釉色青中带红，谓"钧红"。其青色是一种蓝色乳光釉，具有荧光一般幽雅的蓝色光泽。（见图 59、60、61、62）

59 钧窑蓝釉碗
宋

口径 14.7、底径 5、高 5.5 厘米

广东省博物馆藏

唇口，弧形腹，小圈足，通体施天蓝釉。为河南禹县窑产品。

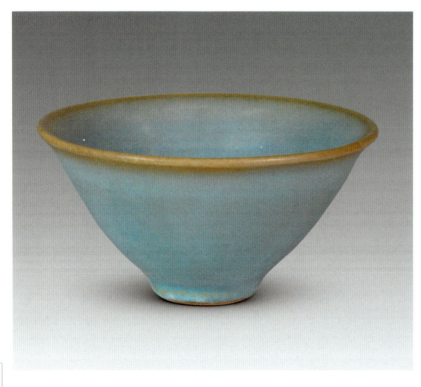

61　钧窑蓝釉小碗
宋
口径 12.7、底径 3、高 7 厘米
广东省博物馆藏
碗呈斗笠形，唇口，口沿釉薄处呈
淡黄色，小圈足。通体施蓝釉至底。

60　钧窑天蓝釉盘

宋

口径 18.4、底径 6.3、高 3.6 厘米

广东省博物馆藏

圆口，弧壁，圈足。通体施天蓝色釉，圈足有薄釉。

62　钧窑青釉盘

宋

口径 18.4、底径 6.3、高 3.6 厘米

广东省博物馆藏

唇口，斜腹，矮圈足。通体施青釉至底，釉色莹亮。

63 吉州窑剪纸贴花酱釉盏

宋

口径 11.6、底径 4、高 4.9 厘米

佛山市博物馆藏

敞口，斜直壁，小圈足。内外施黑釉，不到底，碗内饰剪纸贴花鹤纹图案。胎质粗松。

64 吉州窑剪纸贴花梅花纹枕

宋

长 22.4、高 10.3 厘米

广东省博物馆藏

枕呈长腰圆形，枕面下凹，两端上翘，枕的侧面有四个支钉，有一气孔。通体施褐釉，枕面饰剪纸贴花梅花图案。胎质粗松，胎体厚重。

吉州窑创烧于唐代，发展于五代，宋代至元代中期是兴盛期。吉州窑作品既烧南方的青釉、黑釉、青白釉，又烧北方常见的酱釉、绿釉、白釉和白地褐花，具有浓郁的地域风格。

65　吉州窑黑釉月映梅花纹瓶

宋

口径 6.8、底径 7.5、高 12.5 厘米

广东省博物馆藏

盘口，短颈，深腹，平底。施黑釉不到底，腹部饰一枝梅花与一弯新月遥遥相对的"月映梅"图案。

这是吉州窑瓷器剪纸贴花装饰工艺中的胎上贴花的工艺。采用的是将剪纸图案直接贴于胎体，然后施黑釉，并剔刻出枝丫。烧成后花纹呈现白中泛黄的胎色图案，纹样朴实典雅，与乌黑的釉色形成鲜明的对比。

66　吉州窑玳瑁釉小盏

宋

口径 11.3、底径 4.2、高 5.1 厘米

顺德区博物馆藏

敞口，斜直壁，小圈足。内外施黑釉，釉面上有呈油滴状的白色结晶斑纹，颇似玳瑁壳的色泽。

玳瑁纹是指在富有韵味的黑釉中呈现出淡浓相间、黑黄等色交织的斑纹，如玳瑁背甲上的纹彩。这是吉州窑瓷器洒釉工艺所形成的特有效果。其手法是先在坯体上施釉，然后在其上散洒另一种色彩的釉料，使彩釉在底釉上形成各种图案。

67 吉州窑油滴釉茶盏

宋

口径 10、底径 3.6、高 4.9 厘米

顺德区博物馆藏

敞口，斜直壁，小圈足。内外施黑釉，釉面呈白色结晶斑纹。

68 吉州窑黑釉梅花纹茶盏

宋

口径 11.7、底径 3.9、高 5 厘米

顺德区博物馆藏

敞口，斜直壁，小圈足内外施黑釉，碗内饰剪纸贴花梅花图案。

宋代点茶之风甚盛，流行口微敞、深腹、小圈足呈斗笠状的茶盏，建窑、吉州窑都有烧制。而最能代表吉州窑特色的品种就是这类黑釉为底釉的盏，盏内多有各类花纹装饰。特别是木叶纹更是吉州窑的一绝。

69　吉州窑黑釉贴花盏
宋
口径 11.3、底径 3.7、高 4.5 厘米
广东省博物馆藏
圆口，斜腹，矮圈足。内壁贴双凤三彩梅花的剪纸贴花图案，外壁施玳瑁纹，足无釉，胎较松，泛土黄色。

70 青白釉花口碗
北宋
口径 18.1、高 5.8 厘米
佛山市博物馆藏
花瓣形口外撇，斜腹，小圈足。胎体洁白轻薄，通体施青白釉。

71 青白釉长方形委角枕
宋
长 17、宽 10、高 10.5 厘米
高要市博物馆藏
枕呈长方形，四面委角，枕面下凹，前低后高，两端上翘，通体施青白釉。
宋代瓷枕的造型极为丰富，有长方形、腰圆形、云头形、鸡心形、六角形、银锭形、人形、建筑模型等样式。

72 青白釉划花花瓣纹碗
宋
口径 18.5、高 6 厘米
封开县博物馆藏
侈口，浅弧腹，平足。碗心内有划花花瓣纹图案，施青白釉，碗口不施釉。

73 青白釉花口缠枝花纹小碟
宋
口径 15、底径 10、高 1.8 厘米
广东省博物馆藏
花瓣口，平底，薄胎，内划缠枝花纹，通体施青白釉。为景德镇湖田窑产品。

74　登封窑珍珠地刻花花卉纹枕

宋

长 3.9、宽 21、高 11 厘米

广东省博物馆藏

枕呈腰形，枕面及枕壁四周用褐彩刻画水草纹，笔画简单，生动。底无釉，留有化妆土。为河南登封窑产品。

珍珠地刻花是瓷器装饰技法之一。在刻花的瓷坯上，用细竹管或金属细管于空隙处戳印出细密的小圆圈，罩透明釉后入窑高温焙烧，器成后，宛如珍珠坠地。它是借鉴唐代金银器錾花工艺而创制，晚唐时兴起。

75 登封窑珍珠地刻花牡丹纹枕

宋

长 25.5、宽 16.9、高 10.5 厘米

广东省博物馆藏

枕呈腰圆形，布满刻划纹饰，枕面及四周绘牡丹纹。底无釉，留有化妆土。

76 磁州窑花卉纹枕

宋

长 24、宽 21.5、高 14 厘米

肇庆市博物馆藏

枕为腰圆形，前低后高，两端微翘，中部下凹。枕面中部画一花卉，画面简洁，线条生动流畅。胎色灰白，施白釉。

77　磁州窑白釉剔花牡丹纹枕

宋

长 26、宽 23.5、高 11.5 厘米

鹤山市博物馆藏

枕呈腰圆形，枕面微凹，前低后高。枕面开光内剔画牡丹花纹。胎色灰白，釉色白中泛黄。

78　磁州窑白釉剔花枕

宋

长 21、宽 13 厘米

中山市博物馆藏

枕呈长方形，枕面下凹，两端上翘。枕面长方形开光内戳印褐彩花卉纹，开光外戳印卷草纹。枕的前后两壁模印缠枝牡丹。胎色灰白，釉色白中泛黄。

79 磁州窑白釉刻花大碗

宋

口径21.3、底径6.7、高7.6厘米

斗门区博物馆藏

侈口，鼓腹，圈足。碗内刻划花卉图案，线条流畅，简洁，施釉不到底。

80 磁州窑珍珠地划花梅瓶

金

口径 2.9、底径 7.2、高 37.7 厘米

鹤山市博物馆藏

蘑菇形小口，短颈，丰肩，深腹，下腹内收，平底。瓶腹部刻划三组花卉图案，胎体厚重，胎色灰白，釉色白中泛黄。

81 磁州窑刻花玉壶春瓶

宋

口径 8、底径 8.6、高 32.5 厘米

江门市博物馆藏

喇叭形口，长颈，溜肩，鼓腹，圈足。颈部和腹部有三道旋痕，间饰刻花纹。胎色黄白，釉色白中泛黄。

82　磁州窑白地黑花大罐

宋

口径21、底径17、高31厘米

广东省博物馆藏

圆口，短径，鼓腹往下渐收，平足。肩部绘篦纹，腹部主题纹饰为飞凤纹，笔画流畅生动，为河北磁州窑产品。

磁州窑的白地黑花装饰最具特色，还有白釉、黑釉、白釉刻花、白釉剔花、白釉褐斑、白釉釉下黑彩等十多种装饰技法。磁州窑的瓷胎有两种，一种质地坚细呈灰白色，另一种质地粗松呈褐红色，白釉呈奶白色，似有油性不太透明。

83 磁州窑白地褐彩缠枝花花纹罐

金

口径 9.9、高 17.8 厘米

珠海市博物馆藏

唇口，长颈，溜肩，鼓腹，圈足。颈部和腹部有三道旋痕，饰刻花纹。胎色黄白，釉色白中泛黄。

84 磁州窑白釉灯盏

宋

口径 10.6、底径 4.8、高 8.1 厘米

珠海市博物馆藏

直口，宽板沿，直腹，下腹内收，圈足外撇。胎体灰白，施白釉。

85 扒村窑划花八角枕

宋

长 29、宽 21、高 9.5 厘米

广东省博物馆藏

枕呈八角腰形，前底后高。枕面刻划花卉纹，枕四壁施褐黑釉，底无釉，枕后部正中有一小气孔。为河南扒村窑产品。

86 衡山窑粉上彩双系执壶

宋

口径 5.3、底径 6.5、高 14 厘米

广东省博物馆藏

带盖，小纽，直口，短颈，溜肩，鼓腹，圈足稍外敞。肩部短流略弯曲，相对处安一并条形柄高于壶盖，在柄和流间装两系。肩和腹下部各划一凹弦纹，上部施绿釉，下部施酱黄釉，上绘绿、褐釉折枝花卉。造型古朴，纹饰简练流畅，为衡山窑佳作。

87 衡山窑花卉纹花口瓶

南宋

口径 7.1、底径 6、高 14.3 厘米

东莞市博物馆藏

瓶口似莲花瓣形，细颈，鼓腹。腹部中间彩绘花卉图案，颈部和足部施青釉。胎质坚硬，胎呈灰色。

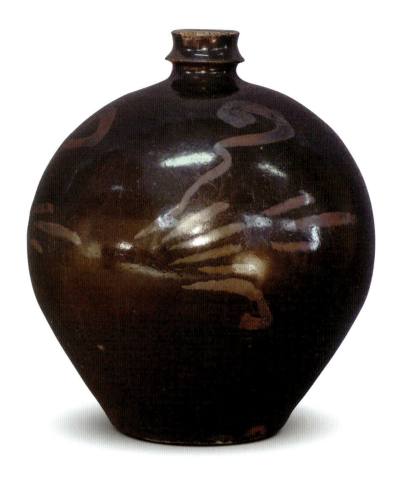

88　黑釉铁锈花小口瓶

　　宋

　　口径 3.9、底径 10.4、高 21.8 厘米

　　江门市博物馆藏

　　小口，短颈，鼓腹，溜肩，平底。通体施黑釉，饰彩绘，造型古朴。

　　铁锈花是瓷器的一种装饰手法，在施好黑釉的瓷器坯体上，用含氧化铁的斑花石作着色剂绘纹饰，在高温烧造后，纹饰中铁晶体呈现出斑斓的铁锈红色。

89　黑釉瓜棱罐

　　宋

　　口径 7.6、底径 6.2、高 10.5 厘米

　　封开县博物馆藏

　　圆口，短颈，鼓腹，平底，有四组纵贯腹部的弧形凸棱。胎质粗松，施黑釉不到底。

90 青白釉谷仓

宋

口径 5.7、底径 7.3、高 11.5 厘米

德庆县博物馆藏

有圆形盖，腹部起棱，底部有台座。
青白釉，施釉不到底。

91 青白釉烛台

宋

口径 6.7、底径 5.6、高 8.5 厘米

高要市博物馆藏

上半部呈碗状，喇叭形高圈足。胎
体灰白，施青白釉。

92 耀州窑刻划花纹碗

宋

口径 15.3、底径 5.3、高 3.5 厘米

汕头市博物馆藏

侈口，斜浅腹，小圆足。碗内饰刻花纹，碗外壁饰莲瓣纹，刻花刀法犀利，线条流畅，胎薄质坚，釉色青幽。

耀州窑为宋代名窑之一。其器胎质灰白而薄，釉色匀净，露胎处呈酱黄色，釉面多有小开片，多以刻花、印花、划花装饰。北宋时期的刻划花技术发展成熟，刀法明快，并能刻出有斜度的刀痕。通过这种斜度与线条的深浅、凹凸结合使整个画面富有立体感。

93 临汝窑青釉印花折沿碗

宋

口径 11.7、底径 4.6、高 3.1 厘米

清远市博物馆藏

折沿，浅弧腹。碗内印花卉纹。通体施青釉，釉色偏黄。

临汝窑是宋元时期烧制民间用瓷的窑场，品种以耀州窑系统的青釉瓷器和钧釉瓷器两大类为主。青釉瓷器胎体较厚，修坯草率，釉色多青中闪绿釉，釉层厚，气泡多。装饰技法有光素无纹和印花两种，其中印花纹饰稍微模糊且轮廓线凸起较高，题材多见缠枝、折枝的牡丹花、菊花纹等。

94 临汝窑青釉敛口盘

宋

口径 17.8、底径 5.9、高 4.1 厘米

顺德区博物馆藏

敛口，浅腹，圈足。胎体细致坚密，通体施青釉。此件临汝窑作品应属于钧釉瓷器品种，所烧的青瓷既有汝窑特征，又有钧窑特色。

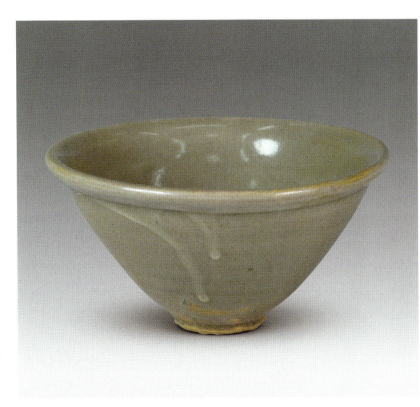

95 临汝窑青釉碗

宋

口径 11、底径 3、高 5.5 厘米

广东省博物馆藏

唇口，弧壁，小圈足。通体施青绿色釉至底，露胎处泛黄色，圈足处沾有砂粒。

段

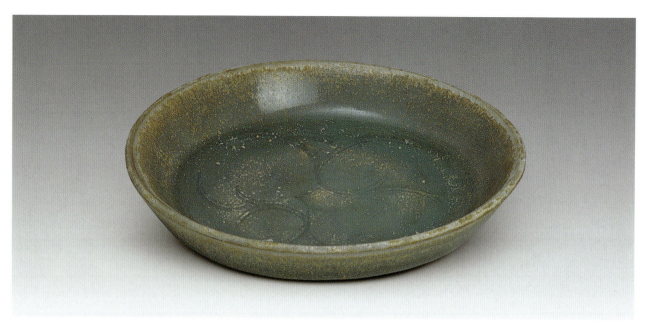

96　青釉划花碟

宋

口径 10.6、高 1.4 厘米

汕头市博物馆藏

侈口，浅腹，平底。碟内饰刻花纹，线条简单流畅。施青釉，碟口有剥釉现象。

97　青釉点红绿彩虎形枕

宋

长 12、宽 7、高 6 厘米

封开县博物馆藏

枕为虎形，枕面下凹，通体施青釉点红绿彩。

这件瓷枕属于兽形枕，把枕体做成写实的卧虎形，在虎背上开出枕面，造型独特，别具一格。

98　三彩花卉纹枕

辽

长 27.2、宽 17.5、高 9.4 厘米

肇庆市博物馆藏

枕呈腰圆形，前低后高，中心微凹。枕面刻花卉图案，花朵涂红色釉，枝叶涂绿色釉，枕面胎地涂白色。枕的宽边施绿色釉，枕身施黄釉。釉不交融，自然流动感差，胎质粗松。

99　三彩石榴纹枕

金

上长 32.9、下长 32.6、上宽 14.4、下宽 10.2、高 9.3 厘米

顺德区博物馆藏

枕面呈长方形，微凹。枕面施三彩，绘三组石榴花卉，施釉不到底。胎色黄白，胎质粗松。

100　三彩兽面纹枕

辽

长 19.5、宽 12.5、高 10.8 厘米

江门市博物馆藏

枕呈长方形，枕面下凹，两端上翘，枕的前壁堆塑龙头图案。胎色灰白，通体施三彩釉。

101 三彩盘

辽

高 4.8、口径 24.2、底径 7.5 厘米

顺德区博物馆藏

侈口，浅腹，平底。釉色以黄、绿、白为主，盘内花卉纹以印模压印而成，显得模糊。胎质粗松，胎色呈淡红色，施化妆土。

辽代生产的低温彩色铅釉，技术上受唐代的影响，多用黄、绿、白三色釉。

辽三彩与唐三彩的区别在于没有蓝釉，而且施釉不交融，釉面的流动性较差，无斑驳华丽之感。

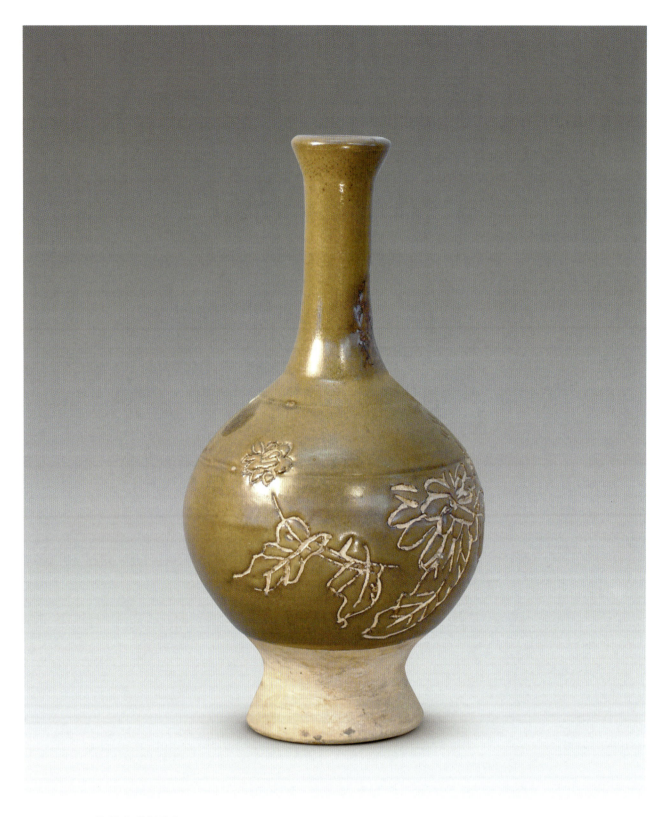

102　茶叶末釉刻花瓶

宋

口径 4.8、底径 8.6、高 27.2 厘米

江门市博物馆藏

小喇叭口，长颈，鼓腹，下腹内收，圈足外撇。胎体灰白，施茶叶末釉不到底，腹壁刻花卉图案。
宋代瓷瓶的造型十分丰富，通常多作小口长身，比较秀气。

103 潮州窑青白釉加黑彩瓷俑

宋

高 20 厘米

新会区博物馆藏

用陶范成型，人物五官刻画生动，衣服和帽子施青白釉加黑彩。身材各部位比例准确，显得很有生气。瓷俑运用了北宋时期东南沿海地区比较流行的青白瓷上饰彩的装饰手法。

104 潮州窑青白釉鸡首瓶

北宋

口径 4、高 12.7 厘米

汕头市博物馆藏

造型别致，小口，卷唇，短颈，圈足外撇，瓶的上半部为鸡首状，下半部饰多层凸弦纹，釉色白中泛黄。

潮州窑位于广东潮安，其中笔架山窑址规模最大。在该窑所出的器物当中凤首壶和鱼形壶是特色品种，装饰手法有划花、刻花、篦划和褐色点彩四种。

105 白釉黑彩仕女俑

宋

高 15.2 厘米

江门市博物馆藏

女俑戴帽呈直立状，脸部施白釉，神态自若，面部丰满，紧闭双目，小口直鼻。着圆领宽袖长服，衣服加黑彩，系宽带，腰带以下垂一条宽幅折长巾至脚部，履尖微露于长服之外，双手置于胸前握一物。

106 白釉酱彩人物俑

宋

高 20.9 厘米

清远市博物馆藏

胎质较粗，衣服施白釉酱彩，表情严肃，端正站立，用简洁的刀法刻出五官,用简单的几笔线条刻画出帽子的造型。

107　龙泉窑菊瓣纹碗

　　宋

　　口径 16、底径 4.5、高 5.7 厘米

　　东莞市博物馆藏

　　侈口，浅斜腹。碗外饰菊瓣纹，胎质细腻，施粉青釉，釉色纯正，釉层凝厚有玉质感。

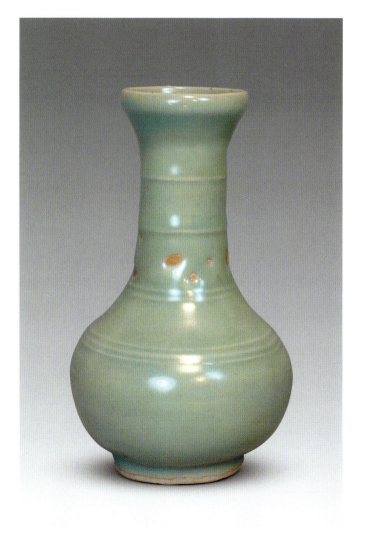

108　龙泉窑小瓶

　　宋

　　口径 4.7、底径 5.2、高 14.7 厘米

　　珠海市博物馆藏

　　盘口，直颈，鼓腹，圈足。颈部和腹部有旋痕，胎体厚重，通体施青釉。

109　龙泉窑青釉双鱼耳瓶

南宋

口径 3.5、底径 5、高 15.2 厘米

广东省博物馆藏

直口，胆形腹，长颈，短圈足，瓶颈的两侧附贴鱼形耳，造型秀丽，通体施青釉。

110　龙泉窑莲瓣纹碗

宋

口径 16.4、高 6.7 厘米

中山市博物馆藏

敞口，弧腹，圈足。外壁有莲瓣纹，胎体厚重，施青釉。

龙泉窑以烧造青瓷闻名于世，器物造型到南宋形成自己的风格。宋代龙泉窑瓷器的装饰普遍使用刻花，辅以篦点或篦划纹，此外还有团花、波浪等纹饰。碗口大多为花口，花口下碗壁凸起棱线。

111 龙泉窑五管瓶

宋

口径 7.4、底径 7.2、高 27 厘米

新会区博物馆藏

瓶直口，上有塔式盖，肩部四面分布着直立的圆形管，管中空，不与瓶通。瓶体较肥硕，通体施青釉。

112　龙泉窑双鱼纹洗

南宋

口径 15.6、底径 6.4、高 4 厘米

江门市博物馆藏

折沿，浅腹，中心模印双鱼图案。釉色纯正，釉层薄。

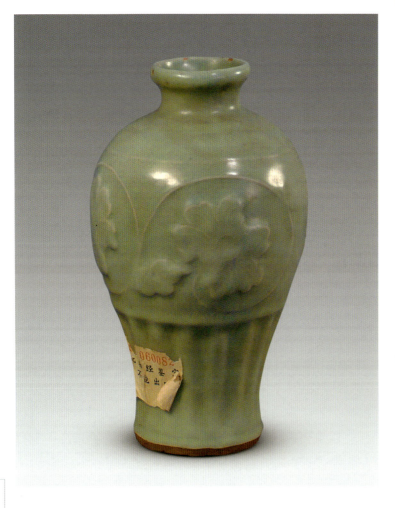

113　龙泉窑印花纹瓶

南宋

口径 4.5、底径 6.3、高 18 厘米

江门市博物馆藏

圆唇，短颈，鼓腹，下腹内收，腹壁模印花卉图案。胎体厚重，釉色青中带黄，圈足有火石红。

114 青白釉堆贴十二生肖带盖魂瓶
南宋
口径 8、底径 10.4、高 29.7 厘米
广东省博物馆藏
瓶盖作帽形，顶盖作喇嘛塔形，瓶肩堆塑仰莲纹，平足，通体施青白釉。为景德镇窑产品。

115　青白釉划花碗

南宋

口径 14.9、高 15 厘米

佛山市博物馆藏

侈口，斜腹，小圈足，碗内刻划花卉图案，线条流畅飘逸。胎体坚致，釉色莹润。

116 三彩扁壶

辽

口径 6.5、高 19.5 厘米

新会区博物馆藏

卷口，花形耳，鼓腹，下腹内收，平底。胎质粗松，施有化妆土。釉色以黄、绿、白为主，壶身贴花，
轮廓清晰，细部刻画欠精巧。

以鲜艳的颜色为器物添姿增彩，是辽三彩刻意追求的一种装饰手法，反映了北方草原民族的特点。

117 吉州窑玳瑁釉盏

南宋

口径 12.2、底径 3.9、高 6.2 厘米

珠海市博物馆藏

敛口，斜直壁，小圈足。内外施黑釉，釉面上呈黄色结晶斑纹颇似玳瑁壳的色泽。

118　青白釉观音像

　　宋

　　高 8 厘米

　　广东省博物馆藏

　　观音座雕成竹笋形，观音趺坐其间，造型小巧
别致，通体施青白釉。

119　黄褐釉小佛像

　　宋

　　高 9 厘米

　　广东省博物馆藏

　　佛趺坐，头戴方巾平顶帽，双手置于胸前，通
体施黄褐釉。

120　青白釉人物形灯盏

　　南宋

　　高 15 厘米

　　广东省博物馆藏

　　灯身为人物造型，头顶托盘，作支撑灯盏状。施青
白釉，为景德镇窑烧制。

121　青白釉盘口瓶

南宋

口径 7.5、腹径 17.6、底径 9.5、高 26.4 厘米

斗门区博物馆藏

盘口，长颈，鼓腹，圈足，颈部和腹部相交处饰弦纹。通体施青白釉，胎体厚重。

122 青白釉梅瓶

南宋

口径 5、底径 10.8、高 30.1 厘米

斗门区博物馆藏

小口，短颈，溜肩，鼓腹，下腹内收。胎体厚重，通体施青白釉。

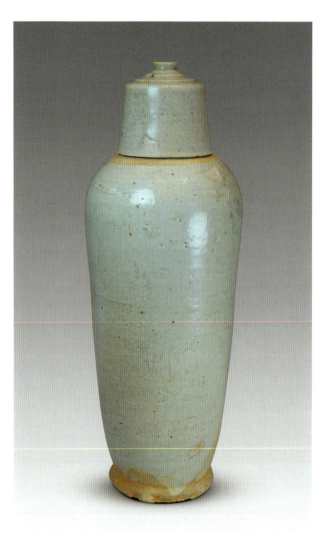

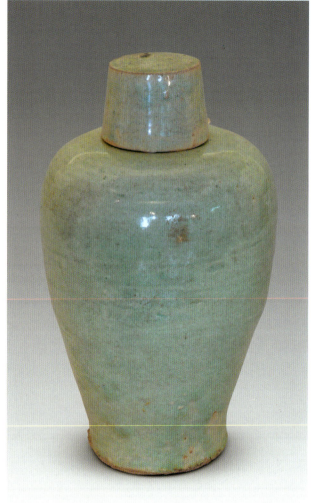

123　青白釉带盖梅瓶

南宋

口径 5.6、底径 9、高 33.8 厘米

封开县博物馆藏

小口, 倒梯形盖, 短颈, 丰肩, 瓶体修长。胎体粗松, 施青白釉, 肩部和足部不施釉。

124　青白釉带盖梅瓶

南宋

口径 5、底径 11、高 30.5 厘米

开平市博物馆藏

丰肩, 瓶身有一圈接胎的痕迹, 梅瓶的造型古朴。釉色青白, 胎体较厚。

陶 瓷

125 青白釉镂空瓶

南宋
口径5.8、底径5.5、高14.4厘米
鹤山市博物馆藏

唇口，长颈，鼓腹，下腹内收，圈足。腹部镂空花卉图案，通体施青白釉。

126 青白釉兽形水注

宋
高6厘米
广东省博物馆藏

注作筒形，流和腹部作兽形，造型别致，通体施青白釉。

149

127　龙泉窑花瓣口洗

元

口径 11.5、底径 7.3、高 3.7 厘米

德庆县博物馆藏

花瓣口，外腹有一圈凸棱线。通体施青釉，釉色温润。

128　龙泉窑小碗

元

口径 10.8、底径 3.5、高 4.5 厘米

德庆县博物馆藏

口沿外敞，鼓腹，圈足。胎体较厚，通体施青釉。龙泉窑到了元代，器形变得高大而不变形，胎底厚重，瓷的胎质细密洁白，釉汁透明，釉色淡青中微带灰色（见图 130）。这一时期出现了如高足杯（见图 132、133）、双鱼洗、龟心荷叶碗、荷叶盖罐等具有明显时代特征的新式样，并出现模印贴花、露胎装饰与褐斑点彩装饰，还大量出现汉文和八思巴文字铭款。

129　龙泉窑瓜棱罐

元

口径 25、底径 17、高 23.2 厘米

新会区博物馆藏

大口，短颈，鼓腹，下腹内收，圈足。腹部刻凹凸棱线。胎体厚重，通体施青釉，口沿和足底有火石红。

130 龙泉窑瓜棱小罐

元

口径 5.2、底径 4.3、高 5.5 厘米

三水区博物馆藏

大口，短颈，鼓腹，下腹内收，圈足。腹部刻棱线，胎体厚重，通体施青釉，足底有一圈火石红。

131 龙泉窑青釉双耳三足炉

元

口径 11.7、高 11.7 厘米

广东省博物馆藏

立耳，鼓腹，足小而矮，里外施青釉。元代炉式之一，为浙江龙泉窑产品。

132 龙泉窑高足杯

元

口径 11.6、底径 4、高 10.5 厘米

珠海市博物馆藏

唇口，深腹，柱形高足。胎体厚重，施青釉不到底。

133 龙泉窑高足杯

元

口径 7.6、足径 4.3、高 8 厘米

斗门区博物馆藏

侈口，深腹，喇叭形高足。通体施青釉，釉厚重。

134　龙泉窑贯耳六角瓶

元

口径 2.8、底 5.7×3.9、高 17.6 厘米

珠海市博物馆藏

长直径，腹部扁圆，瓜棱形腹，下腹内收，椭圆形圈足。颈部两侧对称饰竖直的管状贯耳。通体施黄釉。

135　龙泉窑盘口瓶

元

口径 6.4、底径 4.8、高 14.2 厘米

东莞市博物馆藏

圆唇，长颈，鼓腹，圈足。通体施青釉，釉色青绿，色调柔和。

元代龙泉窑基本沿袭宋代龙泉窑的艺术风格，主要有两类产品。一类为紫口铁足的仿官窑产品，一类为传统的龙泉青瓷。这件盘口瓶为传统龙泉青瓷，胎质细密，釉色乳浊青绿，造型稳重古朴。

136　龙泉窑印花蒜头瓶

元

口径 4.7、底径 7.8、高 27.3 厘米

江门市博物馆藏

口部作蒜头形，长颈、圆腹，下腹内收，圈足。通体刻划龙纹及花卉图案，施青釉。

137 磁州窑白地褐彩花卉纹高足杯

元

口径 10.1、底径 4.1、高 9.4 厘米

斗门区博物馆藏

侈口，深腹，喇叭形高圈足。外壁用黑彩绘花卉纹，施釉不到底。

元代磁州窑以白瓷和白地黑花瓷为主，其黑花色彩偏褐，不如宋器黑亮。装饰题材有人物故事、婴戏、飞禽、鱼藻、花卉等，线条粗犷，自然流畅，充满浓郁的生活气息。胎质比较粗松，釉色白地中泛淡黄。（见图 138）

138 磁州窑白地褐彩花卉纹罐

元

口径 11.7、底径 8.3、高 10.5 厘米

高要市博物馆藏

直口，深腹，平底。罐腹用黑彩绘花卉纹，线条自然流畅，胎质粗松，釉色白中泛淡黄，胎色发灰，施白色化妆土，外壁施白釉，不到底。

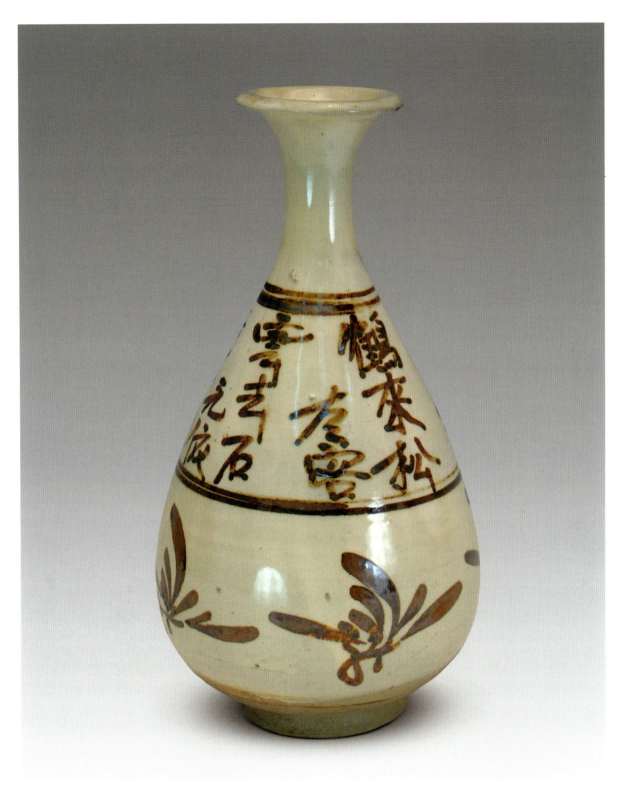

139 白地褐彩花卉诗文纹玉壶春瓶

元

口径 8.2、底径 8、高 27 厘米

广东省博物馆藏

喇叭口、细长颈，胆形腹，圈足外撇，胎薄。腹部主题纹饰为褐彩花卉诗文。

140　黑釉双耳罐

元

口径 10.6、底径 10.8、高 29 厘米

高要市博物馆藏

侈口，短颈，深腹，圈足。口沿与罐腹接口处塑泥条形耳，罐腹有四组、每组三条凸出的扉棱，施黑釉不到底。

141　吉州窑荷花纹三足小炉

元

口径 7.3、高 6.9 厘米

顺德区博物馆藏

直口，鼓腹，三足露胎。米黄色胎，胎体厚重，腹部用黑彩绘荷花图案。

吉州窑的彩绘瓷一般都在白地或米黄地上施以铁质彩绘，呈现出黑、褐、赭、棕等多种色彩，并且运笔潇洒，把国画的传统特色和民间的图案装饰结合得恰到好处。

142 吉州窑黑釉铁锈花玉壶春瓶

元

口径 6.5、底径 7、高 27.8 厘米

封开县博物馆藏

喇叭形口，细长颈，鼓腹，圈足。胎体厚重，胎质
较粗。通体施黑釉，坯体上用含氧化铁的斑花石作着色
剂绘纹饰，呈现出斑斓的铁锈红色。

143　钧窑三足炉

元

口径 8.5、高 9.1 厘米

珠海市博物馆藏

　　盘口，短颈，丰肩，鼓腹，三足露胎。元代钧窑釉色以天青、天蓝为主，釉面多鬃眼，光泽较差，釉层厚而失透，施釉不到底。胎体厚重，造型稳重大方。

144　钧窑三足小炉

元

口径 5.5、高 5.8 厘米

广东省博物馆藏

　　折口，短颈无耳，鼓腹平底，足小而矮，有薄釉。

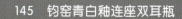

145　钧窑青白釉连座双耳瓶

元

口径5.6、底径7.3、高20厘米

广东省博物馆藏

喇叭口，长颈，鼓腹，带镂空
座，颈中到肩部装对称双龙形耳。
施天蓝色釉，局部泛起玫瑰紫斑，
艳如彩霞。

146 酱釉印花双耳小扁瓶

元

底 4.6×3.7、高 11.8 厘米

珠海市博物馆藏

花口，长颈，扁圆腹，瓶肩饰花形双耳，下腹内收，圈足外撇。施酱釉，腹部开光露胎施印花纹。

147 酱釉高足杯

元

口径 11.1、底径 4.6、高 10.8 厘米

珠海市博物馆藏

侈口，深腹，柱形高足，足外撇。胎体粗松，通体施酱釉。

148　白釉红绿彩花卉纹碗

元

口径 13.8、底径 5、高 4.2 厘米

清远市博物馆藏

　　侈口，浅腹，圈足。胎质粗松，施白釉，碗内饰红绿彩绘花卉图案。

　　白釉红绿彩属于釉上彩，是磁州窑系所开创的一种装饰方法，用红、绿彩料在已烧成的瓷器釉面上描绘花纹，使彩料烧结在釉面上。它开创了在釉面上彩绘的方法，可视为明清彩瓷的前身。

149　卵白釉"东卫"铭印花盘

元

口径 18.5、底径 6、高 5.3 厘米

广东省博物馆藏

　　敞口，弧腹，平底，圈足。旋削规整。圈足内无釉，有一乳状突起，胎质坚细，施卵白色釉，釉质细腻滋润。盘内壁印一周共五朵菊花纹，盘心印对称的四朵莲花，盘内壁底转折处相对印"东"、"卫"二字。

　　据《元史·百官二》载，东卫是元代官府名称。"东卫"铭瓷器在文献记载和考古发掘中都十分罕见。

150　青花缠枝花卉纹三足小炉

元

口径 7、高 7.7 厘米

广东省博物馆藏

元代景德镇窑产品，体呈椭圆形，腹部绘青花缠枝花卉，三足矮小，底部有火石红。

151　青花缠枝花卉凤纹碟

明

口径 17、底径 9.3、高 3.7 厘米

三水区博物馆藏

侈口，矮足。盘心绘凤鸟图，盘壁绘缠枝花卉，青花发色蓝中泛灰。盘底釉面泛白，有缩釉点，圈足足墙向内倾斜，一周有明显火石红。

152 红绿彩婴戏纹盖罐

明

口径 7.6、底径 9、高 20.2 厘米

珠海市博物馆藏

圆口，短颈，溜肩，深腹，下腹内收至底微敞。在白胎上施红绿彩，罐颈部饰回纹，腹部饰花卉和婴戏图案，下腹部饰莲瓣纹，红彩色泽深沉如枣皮红，绿彩鲜嫩似秧草绿，是一件难得的佳作。

153 青花"玉堂佳器"款砚

明晚期

直径 11.3、高 2.9 厘米

中山市博物馆藏

圆形,砚心微凹。砚的四周施青花龙纹图案,青花发色蓝中带紫,纹饰用简笔写意,胎土较细腻、白净,瓷化程度好,砚底书写"玉堂佳器"四字。

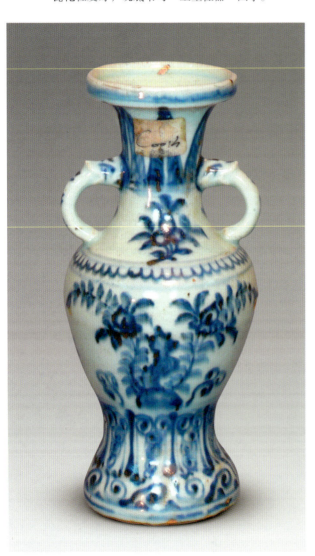

154 青花花卉纹象耳盘口瓶

明

口径 6.1、腹围 22、底径 6.4、高 17.8 厘米

顺德区博物馆藏

盘口,长颈,鼓腹,下腹内收,近底部外撇。颈部饰象耳,腹部饰花卉图案,有胎接痕,颈部饰蕉叶纹。胎体厚重,青花发色浓艳,有铁锈斑。

155　青花树石花卉纹梅瓶

明

口径 4.5、腹径 13、高 24.5 厘米

中山市博物馆藏

　　小圆口，短颈，溜肩，鼓腹，下腹内收，平底。腹部饰树石花卉纹，肩部饰如意开光花卉纹，胫部为莲瓣纹。青花发色淡雅，釉质肥润，白胎，胎体厚重，腹部有明显的接胎痕。

156　青花花卉纹 S 形耳瓶

明

口径 2.9、底径 5.3、高 9.7 厘米

珠海市博物馆藏

　　侈口，短颈，鼓腹，下腹内收，近底处外撇，圈足。颈部饰"S"形耳，青花发色淡雅，绘花卉纹。

157 青花云凤纹梅瓶

明

口径 5.1、底径 10.8、高 32.5 厘米

江门市博物馆藏

圆唇，短颈，溜肩，下腹内收。颈部和肩部饰蕉叶纹和开光花卉纹，腹部饰云凤纹，下腹部饰莲瓣纹。胎白中闪灰，青花发色浓艳，有晕散，腹部有接胎痕。

梅瓶因口径之小仅能插梅枝而得名，宋时为盛酒用具。宋器一般呈蘑菇形口，器身修长；明清时期的梅瓶，多唇口，器体变得肥、矮，并由日用瓷转为陈设瓷。（见图 155）

158 青花缠枝莲纹鼓形三足炉

明中期

口径 10.5、高 7 厘米

佛山市博物馆藏

直口，鼓腹，三足。胎土细腻，白净，炉身绘缠枝莲纹，青花为平等青，双勾线分水，色泽淡雅有致。

159 青花缠枝莲纹三足小炉

明

口径 8.8、底径 7.5、高 6 厘米

三水区博物馆藏

敛口，直身，三足。青花发色灰暗，绘缠枝莲纹，图案简洁，线条流畅。

160 青花云凤纹罐

明

口径 5.3、底径 6、高 12 厘米

汕头市博物馆藏

圆口，短颈，溜肩，鼓腹，下腹内收，平底。罐的肩部饰如意云纹，腹部饰海水云凤纹，罐的下腹饰莲瓣纹。青花颜色浓艳，有晕散现象，胎体厚重，腹部有接胎的痕迹。

161 三彩果盘

明

口径 24.2、底径 7.5 厘米

开平市博物馆藏

属于真实模仿水果的陶瓷制品，
用于陈设。这些物品与盘连烧一起，形
色逼真。

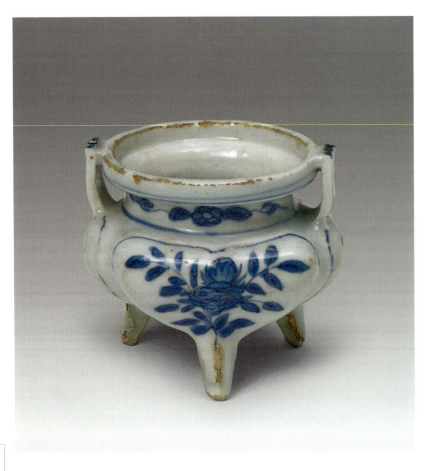

162 青花三足双耳炉

明 万历

口径 5.5、高 8 厘米

清远市博物馆藏

盘口，短颈，鼓腹，三足。炉口至
肩部饰双耳，腹部开光饰花卉纹。青花
呈色好，胎土细腻，釉面腻润光亮，白
中闪青。口沿和足部有剥釉现象。

163 青花三足炉

明 嘉靖

口径 16.2、底径 14.6、高 11.7 厘米

广东省博物馆藏

圆口，直身，三足。炉身饰青花缠枝莲纹，青花使用回青料，色彩鲜艳明快，蓝中泛紫。

青花料配方的不同，造成完全不一样的艺术效果，如《江西大志》所言："回青淳，则色散而不收；石青多，则色沉而不亮。每两加石青一钱，谓之上青；四六分加谓之中青；十分之一，谓之混水。"图案讲究，用笔柔弱，胎体厚重。炉身一面写"文庙"，一面写"嘉靖乙未知县徐口造"，此炉应是特制烧造用来放在寺庙里作为供奉用的。

164　霁蓝釉罐

明

口径 8.1、底径 9.5、高 16.8 厘米

清远市博物馆藏

　　唇口，短颈，溜肩，鼓腹，下腹内收微外撇。通体施霁蓝釉，质感凝厚，色泽美艳。腹部有接胎痕。足部有一圈火石红。造型敦厚。

　　霁蓝又名祭蓝、霁青等，是一种以钴为发色剂的高温蓝釉。其特点是色泽深沉，釉面不流不裂，色调浓淡均匀，呈色稳定，以宣德霁蓝名声最重，被誉为"宝石蓝"。

165　龙泉窑刻花瓶

明

口径 3.6、底径 5、高 17.9 厘米

珠海市博物馆藏

　　小口，短颈，溜肩，深腹，下腹内收外撇，腹部印花卉纹。胎体厚重，通体施青釉。

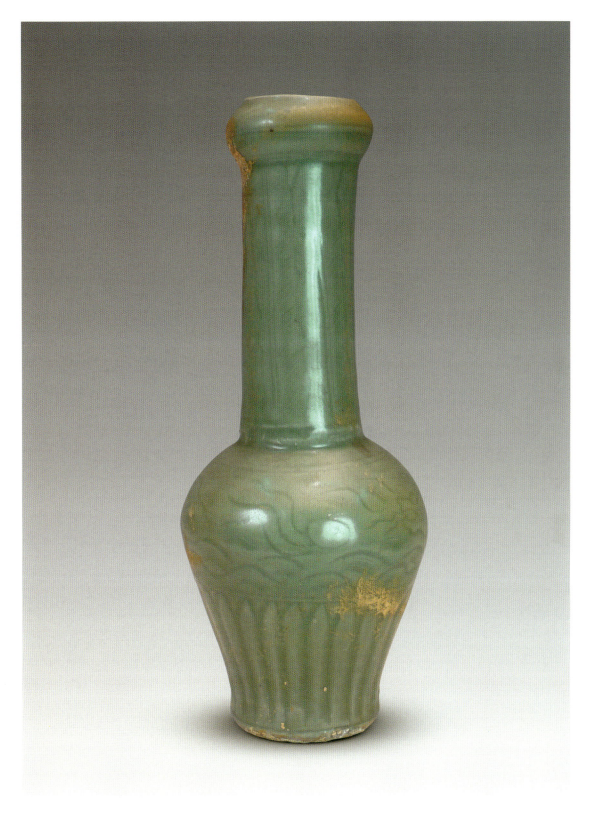

166 龙泉窑刻花长颈瓶

明

口径5、底径7、高29厘米

广东省博物馆藏

撇口，长颈，溜肩，至足渐收，腹部为缠枝莲纹，瓶的下端刻莲瓣纹，里外满施青釉，圈足内刷
酱釉。为浙江龙泉窑产品。

167　褐黄釉刻龙纹带盖梅瓶

　　明

　　口径5.8、底径8、高23厘米

　　广东省博物馆藏

　　带盖，小口，短颈，丰肩，下腹内收，平足。通体施黄褐釉，腹部刻行龙纹。

168　素胎仿青铜器陶壶

　　明

　　口径4.5、底径6、高18.9厘米

　　广东省博物馆藏

　　仿战国时期器物，直口，长颈，扁腹，高圈足，足稍外撇，壶身刻几何纹及席纹。素胎无釉。

169　三彩人物骑狮子摆件

明

高 8.8 厘米

汕头市博物馆藏

狮子站立状，一胡人骑在狮子上。狮子憨态可掬，人物造型为宽脸、高鼻。

170　蓝釉人物像

明

高 17 厘米

新会区博物馆藏

人物的衣服施蓝釉，五官造型简洁，表情生动，手扶桶边，似在交谈，形象可爱。

171　三彩土地俑

明

高 20 厘米

广东省博物馆藏

　　土地俑，坐姿，头戴方巾平顶帽，身穿宽袖长袍，神态慈祥，表情生动，身体比例恰当。施蓝釉。

172　酱釉狮子烛台（一对）

明晚期

座 5.5 × 4.5、高 11.6 厘米

珠海市博物馆藏

　　狮子造型写实，前肢直立后肢屈曲于台座上，作蹲坐式。背部有卷曲的鬃毛，通体施酱釉。

173　三彩三足狮纽鼎

明

通高 29 厘米

广东省博物馆藏

盖如帽形，盖顶为塔式纽，圆腹，两侧立兽形耳，足为狮形，纹饰精美，通体施黄、绿、蓝釉。

（174-1）

（174-2）

（174-3）

（174-4）

（174-5）

174　绿釉明器

明

陶椅（174-1中）高22、陶脸盆架（174-2左）高10.5、陶塌（174-2中）高23、陶衣架（174-2右）高16、陶香烛供台（174-3左）高16、陶果品供台（174-3右）高19、陶箱（174-4左）高9、陶轿（174-5中）高25厘米

肇庆市博物馆藏

为一组明器，包括人物、供品和家具等，全部施黄绿釉。

175　青花双龙纹圈足炉

清　顺治

口径 34、底径 19、高 24 厘米

广东省博物馆藏

微撇口，圆腹，圈足。口沿处刷一圈酱色釉，腹部绘行龙、山石、火珠、云纹等，间隔框内书楷书铭。青花蓝中泛紫，较淡雅。此炉造型、纹饰是清初青花炉的典型样式。

176 德化窑白釉观音像

明

高 21 厘米

汕头市博物馆藏

观音半蹲坐，体态端详，人物五官清晰，左手握一如意，釉色呈灰白色。

德化窑自宋创烧延至明清，明代的德化白瓷胎质致密，透光度极好，乳白如脂，有"猪油白、象牙白"之称。明代以生产供器瓷塑为主，《天工开物》记载："德化窑惟以烧造瓷仙精巧人物玩器，不适实用。"

177 德化窑双耳瓶

明 万历

口径 5.6、底径 6.1、高 14.6 厘米

封开县博物馆藏

盘口，直颈，鼓腹，下腹内收，足外撇。颈部饰双耳，足部有一道旋痕。胎质细腻洁白，施白釉，釉色带黄。

178 青花过墙龙纹碗

清　康熙

口径 18、高 8.2 厘米

汕头市博物馆藏

深腹，圈足，碗心内饰一云龙纹，由于龙的尾巴画出碗的外壁，故称"过墙龙"。胎体洁白细腻，青花呈色鲜丽明快，能分出浓淡层次。属于民窑产品。

179　粉彩花卉纹碗

清早期

口径 14.8、高 6.8 厘米

汕头市博物馆藏

深腹，圈足，胎体厚薄均匀。瓷面光泽透亮，饰花卉纹，浓淡相间，颜色层次丰富，粉润柔和，富有立体感。

180　素三彩花卉碗

清早期

口径 19、底径 8、高 8.7 厘米

东莞市博物馆藏

侈口，深腹，圈足。素三彩以黄、绿、白、紫为彩料，在素烧的白瓷胎加彩，然后罩上一层透明白釉，低温一次烧成。釉色轻薄，胎质坚致。

181 德化窑观音像

清早期

高 19.2 厘米

中山市博物馆藏

观音一膝屈坐于一莲座上，一膝竖起，面容慈祥，双目低垂，高髻系巾，仪态娴静，身裹披风，胸佩璎珞，衣褶柔软自然。釉色莹白，色泽微微泛青，其胎与釉浑然一体，有温润如玉的感觉。

182 德化窑白釉罗汉坐像

清

高 21.5 厘米

广东省博物馆藏

罗汉跌坐、秃头长耳、双眉紧锁、两目有神、身披袈裟、衣纹合体、背部印有隶书"博及鱼人"款。通体施白釉。为福建德化窑产品。

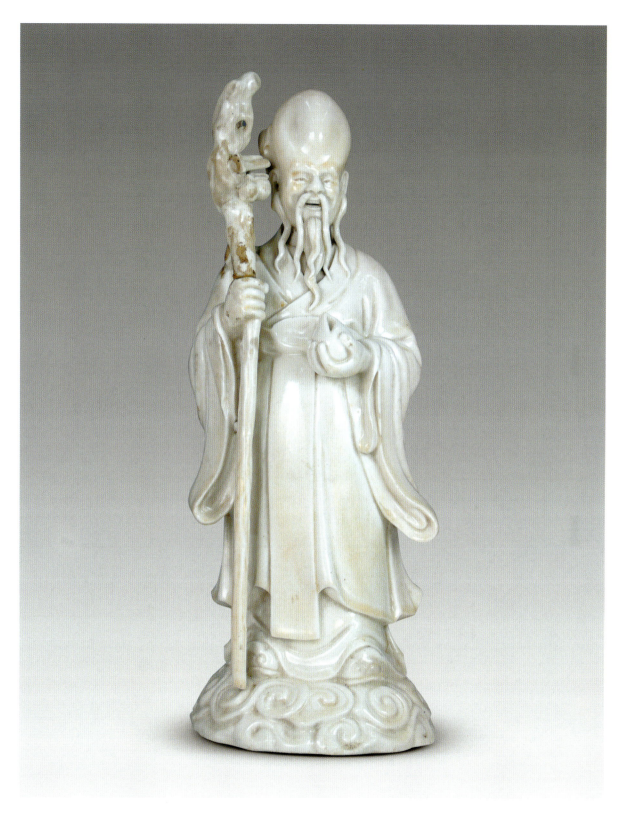

183 德化窑寿星像

清

高 30 厘米

广东省博物馆藏

　　寿星站立波涛之中，一手持拐杖，另一手拿仙桃，身着长袖宽袍，面带微笑，通体施白釉。为福建德化窑产品。

184　德化窑白釉童子像

清

高 12.7 厘米

广东省博物馆藏

童子站立莲花座，双手合十，置于胸前，口角含笑，神态天真，活泼可爱，通体施白釉。为福建德化窑产品。

185　德化窑三足炉

清早期

口径 10.5、底径 10.2、高 8 厘米

封开县博物馆藏

圆口，炉身微凸呈筒状，三足。胎质细腻洁白，通体施白釉，釉色光润，白中带黄。

186 "大清康熙年制" 款黄釉暗花碟

清 . 康熙

口径 17.2、底径 9.8、高 4 厘米

江门市博物馆藏

侈口，斜腹，圈足。施黄釉，碟内壁和外壁刻暗花龙纹。碟底部落 "大清康熙年制" 楷书六字款。

瓷器上用纯正的黄釉始于明永乐年间，这一时期的黄釉呈色淡、釉面薄；嘉靖以后黄釉成为皇室宗庙祭器的重要颜色，到了清代黄釉有蜜蜡黄、蛋黄等数种，康熙时的黄釉釉层透明，色泽微重。此件器物应为清代皇室用瓷。

187 黄地绿彩团花纹碗

清 康熙

口径 12.5、底径 4.5、高 6.6 厘米

斗门区博物馆藏

侈口，深腹，圈足。碗通体施黄釉，碗壁图案团花、卷草纹施绿彩。足底书"大清康熙年制"六字楷书款。

188 青釉刻花凤尾瓶

清早期

口径18.5、高38.5厘米

封开县博物馆藏

喇叭口，长颈，鼓腹，下腹内收外撇，圈足。腹部刻暗花花卉图案，通体施青釉，釉面有开片现象。

189 青花杂宝博古纹凤尾瓶

清　康熙

口径16、底径11.8、高38厘米

封开县博物馆藏

喇叭形口，长颈，鼓腹，下腹内收外撇，圈足。瓶颈、腹部绘杂宝图案。青花发色鲜艳、明亮。胎质坚致、细白，釉色白中闪青。

190 青花凤穿牡丹纹凤尾瓶

清 康熙

口径22、腹径19、底径13.5、高
46 厘米

顺德区博物馆藏

敞口，长颈，鼓腹，下腹内收，
近底部外撇。通体绘凤穿花卉图，青
花发色鲜艳、亮丽。能分出浓淡层
次。胎质坚致、细白。

191 青花龙凤纹花觚

清早期

口径23.4、底径16.8、高52.2厘米

中山市博物馆藏

喇叭形口，长颈，鼓腹，圈足。觚的上半部饰龙凤纹，腹部饰缠枝莲纹，下腹部绘莲瓣纹。青花呈色鲜翠、洁亮，胎质坚致、细白。

192　青花人物纹笔筒

清　康熙

口径 10、高 14 厘米

封开县博物馆藏

喇叭口，中间微收腹，下腹外撇。绘高士人物图，胎质坚致细白，青花呈色鲜艳、明快、亮丽。

193　青花山水纹盘口花觚

清　雍正

口径 19、底径 14.5、高 39 厘米

鹤山市博物馆藏

盘口，长颈，鼓腹，下腹微收，圈足。颈部和腹部绘山水图案，瓶口和瓶足绘一圈如意纹。青花呈色鲜丽明快，能分出浓淡层次，胎质细致洁白，瓷化程度好，胎体厚薄均匀。足底落双圈"大清雍正年制"楷书款。

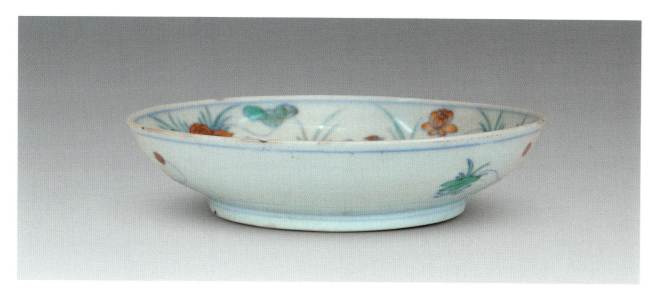

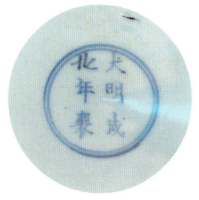

194　斗彩灵芝纹盘

　　清　雍正

　　口径 15.7、底径 10、高 3.2 厘米

　　广东省博物馆藏

　　圆口，沿微折，圈足。内直外斜收，盘外壁绘灵芝草纹，盘内主题纹为莲池鸳鸯纹，纹饰精细，足内书写"大明成化年制"楷书款。

195　青花缠枝莲纹蒜头瓶

　　清　雍正

　　口径 3.1、底径 6.8、高 20 厘米

　　深圳市博物馆藏

　　口部作蒜头形，长颈，鼓腹，下腹内收外撇，圈足。瓶口和瓶颈饰海水纹，腹部饰缠枝莲花纹，足部为莲瓣纹和回纹。胎体洁白细腻，青花颜色鲜艳亮丽，有晕散现象。

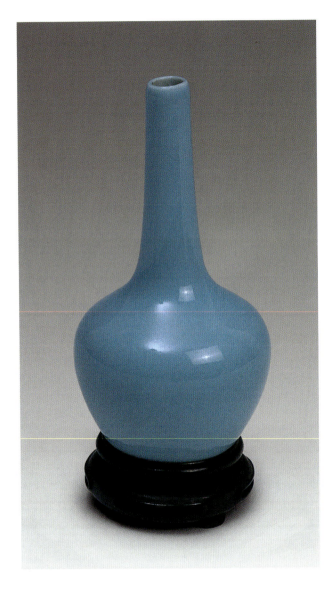

196 天青釉 "朗吟阁制" 款小长颈瓶

清 雍正

口径 1、底径 3.8、高 10.4 厘米

广东省博物馆藏

小口，长颈，鼓腹，圈足。胎体细腻，通体施天青釉，足底落款 "朗吟阁制"。

"朗吟阁制" 是清代雍正年间硕亲王所用的瓷器堂名款，有白釉器、蓝釉器和天蓝釉器。这件小长颈瓶造型小巧精致，放在案头把玩、摆设都是一件精品。

197 仿哥釉开片三足炉

清 雍正

口径 22、底径 10、高 11.8 厘米

封开县博物馆藏

圆口，鼓腹，三乳钉足。仿哥釉，有开片。

198 青花釉里红松鹿鹤纹双耳瓶

清　乾隆

口径18.5、底径15、高36.2厘米

鸦片战争博物馆藏

敞口，长颈，鼓腹，下腹内收，足微撇，颈部饰花形双耳，青花颜色淡雅，釉里红色调稳定，图案饰松鹿鹤纹寓意延年益寿。

青花釉里红属于釉下彩品种之一，由于青花和釉里红的着色剂二者性质不同，烧成的温度以及对窑室气氛的要求也有差异，所以两者施于一器，且红、蓝呈色要恰到好处并非易事。这件作品器形之大，呈色效果之好之稳定，实属佳作。

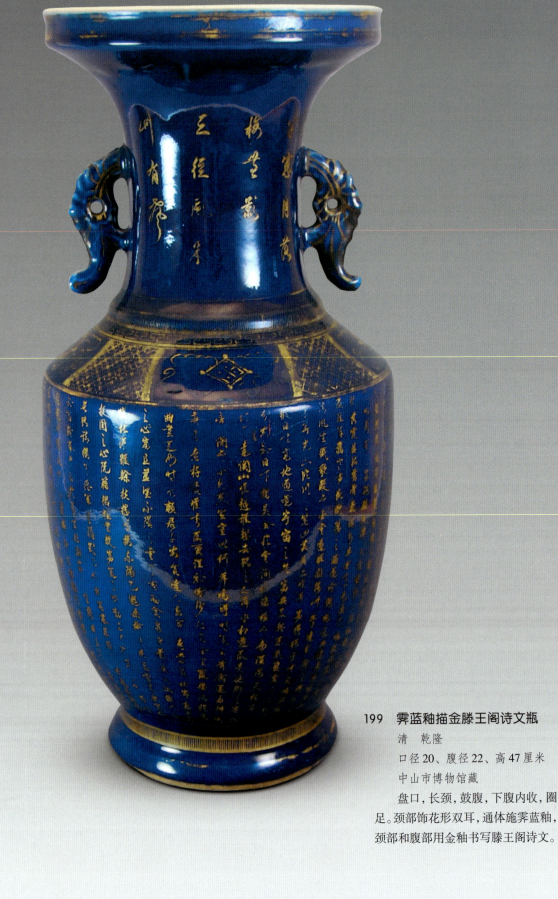

199 霁蓝釉描金滕王阁诗文瓶

清 乾隆

口径20、腹径22、高47厘米

中山市博物馆藏

盘口,长颈,鼓腹,下腹内收,圈足。颈部饰花形双耳,通体施霁蓝釉,颈部和腹部用金釉书写滕王阁诗文。

200 青花花卉纹三足炉

清中期

口径 19.8、底径 9、高 6.5 厘米

德庆县博物馆藏

侈口，圆腹，腹底有三个乳状足，炉身饰青花花卉图案，青花发色淡雅。

201 钧釉大盘

清

口径 24.7、底径 11.4、高 5.4 厘米

斗门区博物馆藏

侈口，弧腹，圈足。施天蓝釉。

202 霁蓝釉凤尾瓶

清　乾隆

口径 23、底径 14.5、高 39.9 厘米

高要市博物馆藏

喇叭形口，长颈，鼓腹，平底，通体施霁蓝釉，釉面色泽匀润稳定，描金脱落。

203　霁蓝釉双耳敞口瓶

清　乾隆

口径 21.4、腹径 22.5、底径 14.5、高 33 厘米

高要市博物馆藏

喇叭形口，长颈，鼓腹，圈足外撇，颈部饰有象耳。通体施霁蓝釉，色泽美艳，胎体洁白坚致。

清代康熙、雍正时期烧造的高温蓝釉技术有所提高，釉色光泽匀润，釉面接近茄皮色，色浓者有仿明宣德的效果。乾隆时期的蓝釉色泽偏淡，喜在纯蓝色的釉上绘制金彩，多是书写诗文，蓝与金色形成强烈的反差，突出了金彩的装饰效果，这也是乾隆时期霁蓝釉特色品种之一。（见图 199、202、204）。

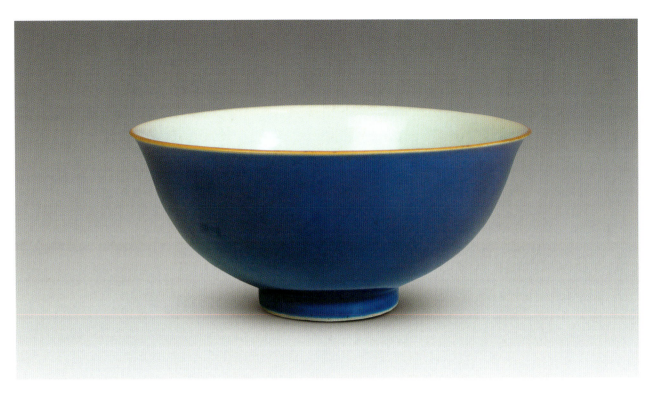

204　霁蓝釉碗

清　乾隆

口径17.5、底径6.3、高8厘米

封开县博物馆藏

侈口，深腹，圈足。胎体坚致洁白，施霁蓝釉，颜色纯正。底部落"大清乾隆年制"篆书款。

205 青花五彩福海寿山纹罐

清 乾隆

口径 11.3、底径 13.4、高 25.2 厘米

江门市博物馆藏

直口，短颈，丰肩，深腹，下腹内收，圈足。通体饰蓝、绿、紫五彩海水纹，蓝料用青花代替，发色浓艳。

206　青花卷草几何纹瓶

清　乾隆

口径14.5、腹径23.3、底径16.5、高34.2厘米

斗门区博物馆藏

盘口，短颈，鼓腹，下腹微收，圈足。通体绘几何纹，胎体洁白坚致，釉色白中微微泛青，青花色泽深沉稳重。

207　青花双龙纹三足炉

清　乾隆

口径25.1、腹径23.7、底径6.7、高14.3厘米

斗门区博物馆藏

侈口，鼓腹，三足。炉身绘双龙戏珠图案，胎体洁白细腻，青花发色鲜艳、浓淡相宜。

208　青花缠枝花卉纹盘口瓶

　　清　乾隆

　　口径19、底径14、高37厘米

　　封开县博物馆藏

　　盘口，长颈，鼓腹，圈足，瓶口饰一圈如意纹，颈部饰蕉叶纹、回纹和如意纹，腹部绘缠枝莲纹和莲瓣纹。足饰一圈三角纹。青花颜色发灰，釉质肥厚而疏松。

209 茶叶末釉贯耳穿带瓶

清 乾隆

口径6.5、底径13.5、高38.3厘米

封开县博物馆藏

圆口，直长颈，鼓腹，下腹内收，足外撇，圈足。颈部两侧对称贴竖直的管状贯耳，通体施茶叶末釉。

茶叶末釉乾隆时期烧制最成功，雍正时釉色多偏黄，有茶无末，俗称"鳝鱼皮"。乾隆时则茶末兼有，釉色偏绿的较多，俗称"蟹甲青"。这件器物有乾隆时期的典型特点，釉色黄中偏绿，清丽古朴。

210 白釉雕龙长颈瓶

清

口径5、底径9.7、高31厘米

三水区博物馆藏

直口，长颈，鼓腹，圈足。雕塑一龙缠绕瓶颈，通体施白釉。

211 仿哥釉双联象耳瓶

清 乾隆

口径 6.1、底径 6.1、高 13.7 厘米

封开县博物馆藏

双连瓶，直颈，下腹内收，足外撇，腹部饰双象耳。仿哥釉，釉面开片。

212　仿哥釉蟠螭双耳盘口瓶

清　乾隆

口径 11.2、通高 29.8 厘米

封开县博物馆藏

盘口，直颈，鼓腹，下腹内收，圈足。颈部饰双蟠螭耳，仿哥釉，釉面有开片。

213 豆青釉暗花花瓣口碟

清

口径 14.6、底径 4.5、高 4.5 厘米

封开县博物馆藏

花口，浅腹，圈足。施青白釉，釉色莹润，足底有火石红。

214 豆青釉盘

清 道光

口径 16.7、底径 10、高 3.2 厘米

封开县博物馆藏

圆口，浅腹，圈足。胎质细腻，施粉青釉，底部写"大清道光年制"六字篆书款。

215 粉彩山水人物纹瓷板

清晚期

长 35.7、宽 28 厘米

江门市博物馆藏

瓷板呈长方形，镶木框。中间开光彩绘山水人物图案，四边绘蝙蝠云锦底。

216 青花人物纹碗

清 道光

口径 15.3、底径 6、高 7 厘米

三水区博物馆藏

侈口，圈足。外壁绘八仙图案，底足施"大清道光年制"六字篆书款。胎体洁白细腻，釉质光洁明亮，青花颜色浓淡相宜。

道光时期官窑瓷器胎土优良，胎体精细，纹饰内容寓意更趋图解化、程式化。

217 粉彩皮球花纹长方盒

清 光绪

长 18.5、宽 19.5、高 6.5 厘米

广东省博物馆藏

盒长形，子母口扣合，盖微鼓，平底。盖面及盒身四壁绘红、绿、黄彩皮球花纹，此物为妇女化妆用品。

218　仿石纹釉凤尾瓶

清

口径 7.5、高 14.4 厘米

中山市博物馆藏

侈口，长颈，鼓腹，下腹内收，圈足。通体
施仿石纹釉，底用红釉书写"大清乾隆年制"六
字篆书款。乾隆时期，多仿木纹、石纹、剔红等
各种不同材质制成的釉器。

219 青花缠枝莲纹赏瓶

清

口径 9、腹径 21、高 39.3 厘米

中山市博物馆藏

侈口，长颈，鼓腹，下腹内收，圈足。瓶的图案有六层组合，腹部饰缠枝莲纹，瓶口饰海水纹和如
意云纹，颈部饰蕉叶纹和回纹，肩部饰缠枝莲纹和如意云纹，胫部饰莲瓣纹。胎体洁白，青花发色浓艳。

赏瓶是清代雍正朝新创品种，一直沿用到清末宣统时期，成为官窑传统器形，多以青花缠枝莲为
饰，用于皇帝赏赐臣下，意在勉其"为政清廉"。

220 王炳荣制黄釉突龙纹笔筒

清 光绪

广东省博物馆藏

口径 7.8、底径 7.8、高 13.4 厘米

王柄荣，光绪年间雕瓷名家。笔筒造型呈圆筒形，口、底径相若，腹部刻云龙纹，底心微凹。腹部主题纹饰为云龙纹，通体施黄釉，底足刻"王炳荣制"四字隶书款。

221 黄釉云龙纹杯（一对）

清 光绪

口径 10.5、底径 4、高 5 厘米

东莞市博物馆藏

侈口，深腹，圈足。施黄釉，刻暗花云龙纹。足底落"大清光绪年制"六字隶书款。这件杯的黄釉呈色虽然釉面不够肥厚、釉色达不到弘治时期的最高水平，但是根据落款和杯内有云龙纹装饰，应属清光绪时期的官窑作品。

222　釉里红狮纹瓶

清晚期

口径 17、底径 15、高 39.5 厘米

佛山市博物馆藏

侈口、长颈、鼓腹，下腹内收外撇。胎质细腻洁白，通体描画釉里红狮子图案，釉面光亮，红色
鲜艳。

223 青花加彩博古盘

清 光绪

口径 18、底径 11.3、高 3 厘米

东莞市博物馆藏

侈口，浅腹，圈足。青花颜色发蓝、闪紫，加料彩和描金。釉面花纹有漂浮感，体较轻。

224　宣统款青花缠枝莲盖罐

清　宣统

口径 21、底径 20、通高 52 厘米

广东省博物馆藏

罐有盖，宝珠纽。直口稍内收，短颈，鼓腹，高圈足，足稍外撇。腹部主题纹饰绘缠枝莲花纹。白胎坚细，青花色泽明快，底部书写"大清宣统年制"楷书款。

225 青釉小狗

民国

高 7.5 厘米

广东省博物馆藏

狗首上仰，四爪伏地，凝视前方。整个形象生动可爱，通体施青釉。

226 豆青釉开片纹罐

清 道光

口径 12.4、底径 10、高 22.5 厘米

封开县博物馆藏

折沿口，短颈，溜肩，鼓腹，下腹内收。通体施青釉，釉面有开裂纹，唇口有一圈酱釉。

227　雍正款天蓝釉胆瓶

清晚期

口径 4、底径 6.6、高 22.2 厘米

德庆县博物馆藏

天蓝釉，长颈，颈口有一圈旋痕，溜肩，垂腹。

228　浅绛彩罗汉瓷板

清

各长 39.3、高 29.8 厘米

江门市博物馆藏

瓷板呈长方形，施白釉，彩绘罗汉图案，人物表情刻画生动，形态各异，绘画精美。

铜器 造像

1　青铜斝

商早期

高 23 厘米

新会区博物馆藏

残。颈口侈大，颈腹分段，腹呈圆弧
状鼓出，平底。三空锥足细高，与器腹相
通。折弧形鋬。颈部有二道劲利的弦纹。
器壁较薄。此斝铸造工艺原始，合范痕迹
明显。

青铜斝为酒器，商代较多。商代晚期
是重要的青铜礼器，式样繁多，纹饰富
丽，工艺精湛。西周中期消失。

2　青铜兽面纹鼎

商晚期

口径 17.6、高 19.8 厘米

顺德区博物馆藏

双立耳、直口，鼓腹分档，三柱足较
高。口沿下饰一周云雷纹，腹饰三个浮雕
兽面纹和龙纹。此件青铜鼎口沿下有大
面积的蓝色粉状能传染的有害锈。

3　青铜蝉纹鼎

商

口径 15.2、高 19 厘米

广东省博物馆藏

　　口微敛，折沿，口沿上有一对方形立耳。鼓腹，圜底，下有三柱足。腹部饰一周以雷纹为地的
涡纹和一周蝉纹。

4 青铜兽面纹觚

商晚期

口径 15.2、底径 7.8、高 31.8 厘米

顺德区博物馆藏

敞口，细体，圈足，底折沿较高。颈饰蕉叶形兽面纹，下饰四条蛇纹，腹、圈足饰兽面纹，间饰一周龙纹。

1980 年河南罗山蟒张出土的商代晚期"亚鸟觚"与此器尺寸、纹饰皆相类。

觚为酒器，见用于商至周初。商早期均为宽体觚，晚期发展为细腰出胫。西周早期有极细腰的觚。

5　铜鸟形带钩

战国

长 4.5、高 2.5 厘米

肇庆市博物馆藏

像生带钩，生动表现了头、喙、尾和翼，时代和地域特征明显。

带钩源于赵国推行的胡服骑射。赵国表现鸟纹一般规矩精丽，尤其是鸟羽特别精细。

此带钩像生稍带写意，有较多胡人的因素。

6　铜鎏金兽面纹带钩

战国

长 7.8 厘米

珠海市博物馆藏

带钩呈琵琶形，正面下端表现一"8"字形蟠螭，螭脊起尖棱。吻部粗大含糊，杏仁目，叶状耳。肘部有圆饼形饰，各出一两爪的足。通体鎏金，金色偏红。

7 铜剑

战国早期

长 47 厘米

中山市博物馆藏

斜宽从，狭前锷，直片状薄格，圆茎无箍。

8 铜剑

战国

长 46.5 厘米

珠海市博物馆藏

斜宽从，狭前锷，倒凹字形厚格较宽，茎有箍二道。剑首残脱。

9 铜剑

战国

长 48.7 厘米

珠海市博物馆藏

斜宽从，狭前锷，倒凹字形厚格，圆茎有箍两道。剑首残脱。

10 铜剑

战国

长 46.6 厘米

佛山市博物馆藏

斜宽从，狭前锷，倒凹字形厚格，圆茎有箍两道。茎上有缠缑弦痕。

春秋战国时期，战争频繁，实用兵器大为发展。剑是主要兵器，工艺精湛。剑脊笔直，腊前端稍收，至尖端收锋。刃宽均匀，收腊及收锋处也均保持均匀的宽度。刃部一般含锡量较高，历经千年，多有崩茬。

11　铜贝币

战国

长 1.3～2.1 厘米

开平市博物馆藏

铜贝币，也称"蚁鼻钱"或"鬼脸钱"，战国时期，楚地广泛流行，齐国也有。在山东曲阜董大村窖藏曾一次出土近 1.5 万枚。铜贝正面凸起，背面平坦，平面略呈椭圆形，一端较宽，一端较窄，窄的一端或有孔。铜贝上的记号呈"咒"状或"君"状等，目前隶定不一。

12　青铜盖鼎

战国中期

高 14.5、口径 16.5、腹径 20.5 厘米

中山市博物馆

圆盖，盖与器合成一个规整的扁圆体。盖上有三个环形纽，可却置。附耳微曲，三足甚矮，上段肥大。这种式样的鼎流行于三晋地区，厚重的多为战国中晚期器，轻薄的多属汉代。

13 青铜蟠龙纹壶

战国早期

口径 10.6、底径 14.1、腹径 21.7、高 30.7 厘米

顺德区博物馆藏

侈口，束颈，球形腹，圈足，平底折沿。带盖，盖面微鼓，上有三个简化鸟形纽。肩两侧有铺首衔环耳。腹饰凸弦纹三道，凸弦纹内各饰蟠龙纹四周，蟠龙纹由两道宽边组成。

青铜壶出现于商早期，商末周初多代之以造型独特、纹饰精美的卣，西周晚期，出现大量的垂腹壶。春秋战国之际，壶大为发展，一般为椭方形，垂腹极甚，装饰华丽，体量较大。壶的有无显示墓主人的身份。战国早中期，壶腹最大径上移，有的如立蛋形，如本器。这一时期的壶有方壶（钫）、扁壶（区）、圆壶（钟），多素面，或刻画水陆攻战、宴乐图等，多施嵌错技术装饰。汉代壶体量大，用铜量大，一般代之以绿釉陶壶。

14　铜异兽形盉

战国

高 27、长 29、口径 10 厘米

广东省博物馆藏

铜质，铸于战国前期。提梁的造型为长体四足兽，首尾似虎，身似蛇，有细鳞。提梁下端有三环链，系于盖上，盖面饰一周交龙纹。器体作异兽形，流为兽首，有喙，可向上掀起。圆目，叶形耳。圆腹，两侧有长蛇形翼，翼上有长条羽，后部为翘起的鸟尾。下有四兽足。

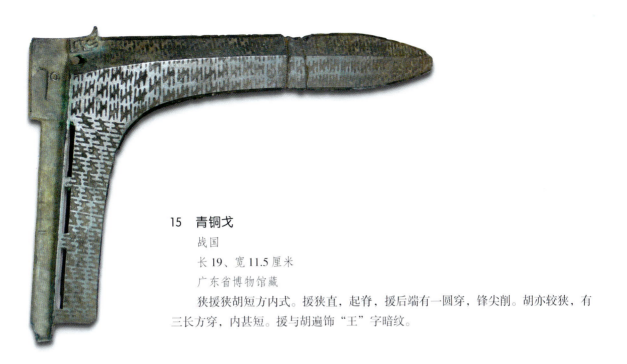

15　青铜戈

战国

长 19、宽 11.5 厘米

广东省博物馆藏

　　狭援狭胡短方内式。援狭直，起脊，援后端有一圆穿，锋尖削。胡亦较狭，有三长方穿，内甚短。援与胡遍饰"王"字暗纹。

16　青铜戈

战国

援长 18.8、内长 12.8 厘米

鸦片战争博物馆藏

　　狭援，中段更狭，勾刃呈凹弧形。长胡有三穿。内长，三面刃。

　　典型的勾援戈。刺尖而狭，作三棱形。援作弧形向下勾曲，前锋下刃峻峭，胡甚狭。长内，三面刃，上翘。样式相似的戈在山西长治分水岭战国墓地有出土。

17　铜弦纹觯

西汉

高 24.5、口径 11、底径 6 厘米

肇庆市博物馆

喇叭口，细长颈，腹略鼓，高圈足，底部折沿较高。颈部及足上部各有凸弦纹两周。觯为酒器，商代晚期较流行，春秋战国时期零星可见。此觯高圈足与西汉大量博山炉的高圈足造型和工艺基本一致。铜质妍好，绿锈较薄。

18　铜高座灯

汉

高 11、口 9、底 7.2 厘米

鹤山市博物馆藏

灯盘宽深，柄上部直，中部鼓起，下部弧曲，似插灯盘于壶中。折沿形成圈足。

铜灯在秦汉时期广为流行，式样较多，归纳起来可分三类：一为高座灯，第二类是行灯，一般有柄，第三类是艺术造型灯。

19 铜盆

西汉早期

高 12、口径 21.8、底径 12 厘米

顺德区博物馆

宽折沿，颈微敛，腹微鼓而下收，平底。腹两侧置铺首衔环耳。

此盆与1962年山西右玉大川出土的"胡传鎏金银兽纹樽"和1981年陕西西安出土的"上林鉴"的器腹部分形制和工艺基本一致。

20 铜弦纹钵

晋

高 7.6、口径 19.5、底径 11.1 厘米

广东省博物馆藏

口微侈，折沿，腹微鼓，下有圈足。口沿下饰一道弦纹，腹部饰三道弦纹。

21　铜鸟兽博局纹镜

汉

直径 18.8、厚 0.5 厘米

广东省博物馆藏

半球形纽，四叶纹纽座，四叶之间有篆书铭文"长宜子孙"四字。纹饰分为内外区，内区饰十二乳丁纹与十二地支篆书铭文相间和方框纹。外区依次饰连弧乳丁纹、鸟兽纹、博局纹、弦纹、斜线纹、三角齿纹、弦纹及流云纹。

22　铜昭明镜

西汉

直径 13 厘米

斗门区博物馆藏

半球形纽，圆纽座，内区有同心圆及八曲连弧纹，外围铭文"内清质以昭明，光象乎日月兮不泄"一周，字体方正，每字中间加一"而"字，共 26 字。铭文内外均有细条斜纹一周，外缘是凸起的阔边。此类铜镜在阳光或直束光线的照耀下，镜面能反射出与镜背纹饰相对应的图像和文字，故名"透光镜"。

铜镜最早出现于齐家文化。商周时期多以水鉴容，故出现大量的水器鉴。战国时期，青铜镜大量出现，工艺水平较高。汉代在此基础上进一步发展，形成了铜镜铸造的一个持续的高峰。隋唐时期，铜镜的形制多样，纹饰题材广泛，自由活泼，铜质妍好，出现了铜镜铸造的又一个高峰。入清以后，铜镜衰落，成为辟邪和婚嫁用品。

23 铜昭明镜

西汉

直径 11 厘米

中山市博物馆藏

半球形纽，四双瓣十二花蕊纽座。外区铭文"内清质以昭明，光辉象日月，心忽扬而愿忠，然壅塞而不泄"。铭文内外均有短细芒纹一周。宽平沿。

24　铜鸟兽博局纹镜
西汉
直径16.5厘米
中山市博物馆藏

半球形纽，圆纽座，外围凹弧双线方格，方格内有八个小乳丁，与地支铭文相间。方格外饰博局纹和禽兽纹间乳丁纹。外围铭文一周。边缘饰三圈锯齿纹。

25　铜鸟兽博局纹镜
西汉
直径13厘米
斗门区博物馆藏

半球形纽，圆纽座，外围内注条带方格，方格内有十二地支与十二枚乳丁相间。方格外饰博局纹和禽兽纹。外围铭文一周。边缘内圈饰锯齿纹，外圈为云气纹。

26 铜连弧纹镜

东汉

直径 21.8 厘米

韶关市博物馆藏

半球形纽较高，柿蒂纹纽座，间铸铭文"长宜子孙"四字，逆顺排列。之外为八曲连弧纹。外区以两道篦纹为栏，内饰同心圆凸弦纹六道，间饰八个圆涡纹。素宽平缘，镜面隆起。

27　铜鸟兽纹镜

东汉

直径 13 厘米

斗门区博物馆藏

半球形纽，连珠纹纽座。主题纹饰以六枚乳丁为界，间饰浮雕走兽和水禽纹。外围铭文一周。素宽平缘。

28　铜鸟蝶瑞兽葡萄纹镜

唐

直径 12 厘米

新会区博物馆藏

兽形纽。主题纹饰以高浮雕表现，内区饰四兽四鸟，外区饰鸟和蝶，边缘凸起，饰图案化的花卉。内外区以粗葡萄藤相隔，藤上满结葡萄。

29　铜花鸟葵花形镜

唐

直径 16 厘米

韶关市博物馆藏

半球形纽。内区饰浮雕雀鸟觅食，外区饰花果间以朵云纹。缘厚劲，作八瓣葵花形。

30 铜飞凤飞黄纹镜

唐

直径 16.5 厘米

中山市博物馆藏

半球形纽,宝相花纽座。主题纹饰为浮雕飞黄飞凤。狭缘,镜面较平。

31 铜缠枝牡丹纹镜

北宋

直径 11 厘米

汕头市博物馆藏

小圆纽。主题纹饰为浅浮雕牡丹花,同向宛转排列。主题纹饰外拦一圈连珠纹。素宽平缘。镜面平。

32　铜双鲤人物故事纹镜

金

直径 24.3 厘米

鸦片战争博物馆藏

圆纽。内区背景为惊涛骇浪，有淡定仙人立于方舟，持书指引在波涛中行进的持棍仙人。浪里有张口大鲤鱼两条。外区饰图案化的粗线波涛纹，这圈波涛纹圈饰是金代铜镜的典型特征。宽平缘。

33　铜钟形镜

宋

长 12.8、宽 9.3、厚 0.4 厘米

广东省博物馆藏

镜呈钟形。镜背铸有铭文"河澄皎月，波清晓雪"。

34 铜兽面纹尊

明

高 22.8、口 16.8、底径 11 厘米

新会区博物馆藏

此尊为觚形粗体鼓腹式，敞口，长颈，鼓腹，高圈足，底折沿较高。腹、圈足两侧有扉棱。颈饰蕉叶形兽面纹四组，腹部前后各饰一组变异的兽面纹，圈足上部饰方折雷纹，六组围成一圈，圈足下部饰相对的长尾鸟纹三组，兽面纹、鸟纹均以云雷纹为地纹。

宋代仿商周青铜器较忠实于原器，明代纹饰变形，作风粗犷，清乾隆以后，纹饰精细繁缛。

35　铜石叟款盂

明

高 3.2、底径 7.7、口径 3.5 厘米

广东省博物馆藏

小圆口，口沿立，半球形腹，平底，三长方足。腹饰错银竹叶纹，底错银"石叟"款。

36　铜猫蝶摆件

清

高 4.3、长 6.6、宽 4.1 厘米

汕头市博物馆藏

铜铸，表现的是老猫带小猫戏蝶图景，以"耄耋"为主题，寓意长寿而尽享天伦之乐。

37 铜錾花锡执壶

清

通高 29.5、口径 18.5、底径 19 厘米

广东省博物馆藏

敞口，尖流，直颈，鼓腹，圈足外撇，宽执柄。口与颈交接处饰有一圈凸起连珠纹，两侧对称饰半环形耳。流部下方、腹部各有一鸟喙状凸起。颈部饰有人物、鸟、兽纹饰，腹部饰有双弦纹、花纹、凸起连珠纹等纹饰。足部有蝉形纹饰。执柄上端饰小兽。

38 铜兽面纹鼎

清末至民国

通高 35.5、口径 28.5 厘米

广东省博物馆藏

兽面纹鼎，铜质，清末民国初期仿铸，仿西周前期风格。口微敛，折沿，口沿上有一对长方形立耳，腹部微鼓，圜底，下有三只圆柱形足。腹部饰兽面纹。

39　青铜菩萨立像

北齐至隋

高 12 厘米

江门市博物馆藏

　　菩萨头戴宝冠，肩搭帔帛，双手作施无畏与愿印，站立于双层四足台座上。火焰纹光背细瘦，整体形式高挑清秀，刀刻线条有利，造型简洁明快。

40　铜鎏金观音立像

唐早期

高 10.7 厘米

珠海市博物馆藏

　　此像头戴宝冠，冠上方还有一化佛，为观音菩萨的标志。

　　观音菩萨祖上身，下着裙，左手持净瓶，右手上扬持杨柳枝。站立于覆莲台上，下为四足台座，台座上刻"口口三年……"。此像光背瘦削，尚有隋代遗风。应是初唐时的作品。

41 铜鎏金观音立像

唐

高 7.2 厘米

珠海市博物馆藏

观音菩萨头戴宝冠，袒上身，下着裙，左手持净瓶，右手上扬持杨柳枝。站立于覆莲台上，下为四足台座，此像造型简洁，细部刻画简略，当年制作量很多，是唐代流行观音信仰的产物。

42 铜鎏金观音立像

唐

高 10 厘米

鹤山市博物馆藏

观音菩萨头戴宝冠，袒上身，下着裙，左手持净瓶，右手上扬持杨柳枝。站立于覆莲台上，下为四足台座，背后为镂空背光，顶端似是坐佛，此类观音像唐代制作数量很多。应为盛唐之物。

43 铜鎏金观音立像

唐

高 11.5 厘米（不连座）

广东省博物馆藏

　　观音菩萨头戴宝冠，袒上身，肩搭帔帛，饰项圈、璎珞等，重心倾于一侧，左手持净瓶，右手上扬持杨枝，姿态生动，细部精美，金色亦佳，站立在仰覆莲台座上。是唐代流行的小型观音像，具有一定的历史和艺术价值。下方的四足座和背光为后来补加。

44 铜鎏金弟子像

唐

高 25.5 厘米

鹤山市 博物馆藏

年青的释迦牟尼佛弟子阿难微颔首，表情虔诚内省，双手叠放，身着袈裟，站立于仰莲上，具有很强的艺术感染力。此像当初应是站立于主尊佛像旁边，整体已失群，单独看仍不失完美。

45 黄铜弟子像

元

高 8.4 厘米

广东省博物馆藏

弟子呈现天真可爱的童子形象，身着袒右肩袍服，一手捧净瓶，一手持钵。站立在莲花座上。莲瓣宽肥卷边，铜质莹润，造型古朴，从形象和铜质分析，应是元代所铸。为西藏风格造像。

46 黄铜弥勒菩萨立像

元

通高 10 厘米

广东省博物馆藏

弥勒藏语读"强巴",蒙语读"麦达拉",汉语译为慈氏、慈氏菩萨。是释迦佛预言的未来佛,要在释迦寂灭后经过天上四千岁,相当于人间的五十六亿七千万年之后才能下生人间,在华林园龙华树下成佛,弘扬佛法。目前还正在兜率天宫(兜率天,藏语称"甘丹")中待命。

弥勒菩萨在藏传佛教中可以用佛妆和菩萨妆二种形式表现。此即是菩萨妆的弥勒菩萨,其左肩上有宝瓶,是弥勒菩萨的标识。弥勒菩萨袒上身,下着裙,裙纹为双线刻式,凿刻梅花点,是元代纹饰特点。体态生动,形体饱满,宽额,阔肩,是典型的尼泊尔风格作品。

47 银制莲花手菩萨像

明早期

高 14 厘米

广东省博物馆藏

莲花手菩萨实际是观音菩萨的另一种形式,为区别于标准的观音菩萨(圣观音),藏传佛教中对观音的化身即度母也非常尊崇。

此像头戴高冠,袒上身,下着短裙,右手作与愿印,左手持莲花,表情愉悦,表示满足众生的愿望。造型生动,制作精美,是产自尼泊尔的佛像。

48 铜鎏金菩萨立像

明早期

高33、宽19、厚3.8厘米

鸦片战争博物馆藏

此件镂空浮雕似为佛坛饰物的一部分，菩萨头戴宝冠，身躯饱满，重心倾于一侧，一手持经卷，一手持宝剑（上部失落），应是文殊菩萨。背后为莲花及卷草纹样，极为生动优美。虽是残件，不失完美。从做工和艺术风格分析，是尼泊尔系统的藏传佛教造像。

49　铜鎏金绿度母像

明　永乐

高 22.2 厘米

广东省博物馆藏

观世音菩萨的化身为二十一位救度母，藏语称为"卓玛"，都是从观音的眼睛中变化来的。最受人们尊敬的是白度母和绿度母。

绿度母是一位善良多情、助人为乐的菩萨。据说供奉绿度母能够解除八种苦难，即狮难、象难、火难、蛇难、水难、牢狱难、贼难、非人难，所以俗称救八难度母。

此像头戴弯月形宝冠，装饰华美，左手拿莲花，右手作与愿印，左腿单盘，右腿向下舒展，脚踏在一朵莲花上。袒上身，呈S形，腰部细瘦极有力度，小腹富有弹性感，身躯动态优美。肩搭帔帛，质地轻薄，衣纹流畅，下着裙，裙纹流畅，如行云流水，下为仰覆莲束腰莲座。金色饱满悦目，品相完美。台座上刻"大明永乐年施"，是永乐初年北京宫廷御用监为皇帝赏赐藏区大寺庙而特制的铜佛像，具有极高的历史价值和艺术价值。

50 铜鎏金药师佛像

明

高 19.5 厘米

广东省博物馆藏

　　药师佛又称为大医王佛，据《药师经》说，他曾发十二大愿，为众生医治病苦，消灾延寿。所以在藏传佛教寺院的医学殿内也常供奉此像。药师佛左手作禅定印，右手食指和拇指手持一药丸。微颔首，表情慈祥静谧，身着袒右肩大衣，身躯匀称，衣纹流畅，富有立体感，领口和袖边刻花纹，结跏趺坐于大仰莲座上。此像制作精美，是明代中期华北风格佛像。

51 铜鎏金供养天女像

明中期

高 39 厘米

广东省博物馆藏

　　天女头戴花冠，跪立，袒上身，下着裙，身饰璎珞、项链，双手上扬托物作奉献状，正在向佛或菩萨奉献贡品，是一组佛像的残件。

　　此像的面相俊美，身躯修长，动态富有韵律，金色完美，局部镶嵌绿松石。尽管是残件但不失其艺术性。

52 铜鎏金四臂观音像

明中期

高 14 厘米

广东省博物馆藏

　　藏传佛教中对观音的崇拜非常虔诚,观音的化身也特别多,信徒们每时每刻念诵的六字真言就是赞颂观音的。观音一头四臂,主臂两手作合掌印,另外两手右手持念珠,左手持莲花,结跏趺坐在莲花座上。

　　此像为红铜制作,局部嵌绿松石,体态饱满,工艺精美,应为明代中期西藏风格造像。

53　铜鎏金弥勒菩萨坐像

明中期

高 16.2 厘米

广东省博物馆藏

　　此像是菩萨妆的弥勒菩萨，其左肩上有宝瓶，右肩上有宝塔，是弥勒菩萨的标志。弥勒菩萨袒上身，下着裙，双手作说法印。结跏趺坐于莲花座上。造型生动、衣纹流畅，局部嵌松石，品相完美，金色充足，是明代中期西藏中部的优秀佛像。

54　铜鎏金释迦牟尼诞生像

明

高 16 厘米

中山市博物馆藏

　　此像表现释迦太子诞生时一手指天、一手指地，上下左右各行七步，步步生莲的情形。太子身戴肚兜，表情天真可爱，是浴佛节时将其放入香料水盆，信众每人用汤匙为之沐浴用。

55　青铜释迦牟尼诞生像

明

高 21.5、底座直径 11.2 厘米

鸦片战争博物馆藏

　　此像表现释迦太子诞生时情形。太子脚蹬多重仰莲台上，下为覆莲叶作底座，构思别致，制作精美。明代的释迦牟尼诞生像遗存尚多。

56 铜漆金释迦佛像

明中期

高 22 厘米

汕头市博物馆藏

释迦牟尼佛经过六年苦行在菩提树下成道。结跏趺坐在莲座上，左手置膝上，右手垂直指地，叫作"降魔印"，表明释迦牟尼在成佛前，经过无数磨难，降服了破坏修法的恶魔，终于得道，这些只有大地之神才能作证。这种形象称为"得道相"。

此像高肉髻，颔首，身着袒右肩大衣，身躯宽肥，体态饱满，结跏趺坐于莲花座，莲瓣凸起。整体造型古朴，富有立体感，是明代中期华北风格佛像。

57　铜鎏金六臂金刚萨埵像

明中期

高 29.5 厘米

广东省博物馆藏

金刚萨埵是释迦牟尼佛之前最原始的佛,《仁王经》中又说他是普贤菩萨的化身。造像呈菩萨形,头戴宝冠,结跏趺坐在莲花座上。典型特征是右手上扬,持着金刚杵;左手较低,拿着一个金刚铃。金刚萨埵一般为两臂,此像为六臂,较为少见。

此像宽额,袒上身,主臂两手各持金刚铃、金刚杵,其余各手持摩尼宝、金刚杵、宝剑等,局部嵌松石,身躯饱满,造型有力,额正中白毫呈长方形,大眼横长,印度人的五官特点浓厚,从各方面分析,应该是在尼泊尔制作的佛像。此像做工精致,金色完美,具有极高的艺术性。

58 铜四臂玛哈嘎拉像

明

高 11 厘米

广东省博物馆藏

　　玛哈嘎拉是梵语，意为大黑天，藏语称为"滚玻"，古印度把他视为军神或战神，据唐僧人义净的《南海寄归传》载，东南亚各国的寺庙或仓廪等都把他的形象制成木雕像，作为施福之神，每荐香火，必将饮食供于像前。佛教密宗又认为他是大日如来降伏恶魔时所呈现出的愤怒形。总之，他是众护法神之首，凡藏传佛教寺庙里是少不了他的，也有将他译为永保护法的。噶举派对他非常崇拜，是该派的主要供奉神。形象有两臂、四臂和六臂、八臂等等。

　　此像三眼、呈愤怒状，双手在胸前，左手托着骷髅碗，碗内是血液；右手拿一把月刀，作向碗里搅食状。背后两手各持宝剑和杖。腰部围着虎皮裙，腹部垂骷髅项链，坐在两个邪鬼身上，象征着他降伏的魔障，下面是莲花宝座。

　　此像做工复杂，细部精致，题材少见，是西藏风格造像，具有很高的艺术价值。

59 铜鎏金莲花生大师像

明晚期

通高 27.5 厘米

德庆市博物馆藏

莲花生大师梵文名"帕达玛萨瓦拉"，也称为乌金大师，是8世纪时印度乌仗那（今克什米尔一带）僧人，应吐蕃赞普犀松德赞（755–797 在位）之邀进藏，用法术战胜了苯教，宣称苯教的神怪皈依了佛教，并与寂护大师首建西藏第一座佛寺松耶寺，被后世尊为宁玛派（红教）祖师。

他头戴尖顶帽，抱着骷髅杖（失落），左手端骷髅碗，右手持金刚杵，结跏趺坐在莲座上。形象还有印度人的特征，两绺上翘的小胡子，表情介于寂静与愤怒之间。

此像表情生动，衣纹流畅，做工精细，具有很高艺术价值。

60 青铜毗卢遮那佛像

明

高 25 厘米

中山市博物馆藏

毗卢遮那佛又名大日如来，佛经说它是释迦牟尼佛的法身佛，为了教化众生，他变化为五佛。五佛代表五智，五佛中央是毗卢遮那佛，代表法界体性智，这五智只有大日如来才具有，又称为五智如来。

毗卢佛头戴五佛冠，双手作智拳印，身着袒右肩式大衣，衣纹流畅，具有立体感，结跏趺坐于莲花座。此像是明代中期华北地区制作的佛像。

61 青铜观音坐像

明晚期

通高 26.5 厘米

广东省博物馆藏

观音菩萨头戴宝冠，冠中有化佛，袒上身，双手呈说法印，胸前饰璎珞、项圈之类庄严的器具，肩搭帔帛。右肩莲花上有宝瓶，左肩莲花上站立鹦鹉，表现观音菩萨在菩提树紫竹林说法的情形。结跏趺坐（莲花座失落）。头部偏大，是典型的明代末期华北地区（可能是山西）的造像风格。做工精致，艺术性较高。颇有收藏价值。

62　青铜漆金普陀观音坐像

明晚期

高 17、宽 9.9 厘米

江门市博物馆藏

　　观音菩萨头戴宝冠，冠中有化佛，束冠的帽带上扬，身着双领下垂式大衣，双手作禅定印，胸前饰璎珞、项圈之类庄严的器具。结跏趺坐于普陀山观音道场。造型较为别致，是典型的明代末期华北风格的造像。做工精致，艺术性较高。

63　青铜马王爷像

明

高 15.5 厘米

鹤山市博物馆藏

　　马王爷是民间传统中的统领马匹的神祇，主祛除马匹的疫病，护佑平安。此像头戴幞头，面部三眼是马王爷的标志。身着短马甲，下着裙，足蹬靴，肩搭帔帛，表情威严，动态有力，是考察古代民俗的重要实物资料。

64　铜鎏金释迦佛像

明末清初

高 14.5 厘米

珠海市博物馆

　　此像高肉髻，表情慈祥内省，袒右
肩大衣，双手作"降魔印"。比例匀称，结
跏趺坐于莲花座，是西藏东部风格造像。

65　铜鎏金布袋和尚像

清

高 10 厘米

新会区博物馆藏

　　布袋和尚即大肚弥勒佛。他是五代
时明州奉化（今浙江奉化）僧人，名叫契
此，常扛着一根竹竿，上面挂着破口袋，
随意乞食，人们称他布袋和尚。

　　此像袒胸露乳腹，笑容可掬，一手
持念珠，一手拿布袋，下方有两个儿童，
是民间求子的象征。

66 青铜南海观音坐像

明

高 32.5 厘米

珠海市博物馆藏

观音头戴风兜，外罩大袍，表情恬静慈祥，动态闲适舒展。表现观音菩萨在普陀山紫竹林道场休憩的情景。整体造型生动，衣纹流畅，具有很高的艺术性。

67　铜鎏金大威德金刚像

明末清初

高20、宽16.5厘米

广东省博物馆藏

威德金刚亦称大威德明王，是格鲁派主修的重要的护法神。藏语称为"雅曼达嘎"，意思是降阎魔尊。他为了教令法界，而变化成威武愤怒模样，也就是说以威猛力降伏恶魔，这就是"威"；以智慧力摧破烦恼业障，使众生从无明中解脱出来谓之"德"，合即威德金刚。

此形象九头，最上一头是阿弥陀佛，是阿弥陀佛化身而来的。正中为大水牛头，每头又都三只眼，头上戴着五骷髅冠，三十四只手，十六条腿，拥抱着明妃罗浪杂娃。

而三十四只手中各拿着铃、杵、刀、剑、弓、箭、瓶、索子、钩、戟、伞、盖、骷髅等兵器。

此像为西藏中部风格造像，工艺极为复杂，金刚表情生动，金色完美，虽底座失落，仍不失精美。

68 铜鎏金释迦佛像

清中期

高 22 厘米

新会区博物馆藏

此像高肉髻，脸微颔，表情慈祥内省，袒右肩大衣，双手作降魔印，结跏趺坐在莲座上。比例匀称。是西藏东部风格造像。

69　铜鎏金药师佛像

清中期

通高 12.3 厘米

广东省博物馆

　　此像头微颔，表情静谧慈祥，身着袒右肩大衣，内露裙，左手作禅定印，右手食指和拇指持一药丸。身躯饱满，衣着富有立体感，制作精美，是典型的清代中期内蒙古风格造像样式。

70　铜鎏金释迦佛像

清中期

高 7.1 厘米

广东省博物馆藏

　　此像高肉髻，脸微颔，表情慈祥内省，袒露前胸，双手作降魔印，结跏趺坐在莲座上。比例匀称，衣褶转折自如富有立体感，台座莲瓣饱满。

　　此像为黄铜铸造，造型端庄，工整中不失生动，品相完美，是清中期内蒙古、青海一带制作的内蒙古风格造像。

71 铜鎏金长寿佛像

清中期

通高 14.5 厘米

广东省博物馆藏

长寿佛即阿弥陀佛，是西方极乐世界的教主。阿弥陀佛的梵文原意是"无量光"和"无量寿"，这两种意思，具有空间和时间两种性质，本来都是阿弥陀佛一身所兼具的，在藏传佛教将这两种含义分别制作两尊佛供奉。藏传佛教认为无量光佛是原生的，无量寿佛是他的化身。无量寿佛在藏传佛教中颇受尊崇，数量很多。

长寿佛的装束往往是菩萨装，头上戴着天冠，梳着高髻，上身袒露，身上有璎珞、项圈之类庄严的器具。最典型的特征仍然是双手作禅定印，即双手上下叠放在屈盘的双腿上，手中捧一个宝瓶。头微低，表情静穆高洁，为幸福长寿之神。

此像做工规整，形式对称，是西藏东部地区制作的西藏风格佛像，品像尚佳。

72　黄铜文殊菩萨像

清中期

高 21 厘米

鸦片战争博物馆藏

　　文殊菩萨代表智慧，所以班禅喇嘛和宗喀巴乃至乾隆皇帝都被认定是文殊菩萨的化身，还有多位班第达（学者之意）喇嘛也宣称是文殊菩萨的化身。在美术上的显著标志即是两肩上的宝剑和经书，或者是右手高举宝剑，象征着斩断烦恼和愚昧。

　　此件文殊菩萨为清代中期内蒙古地区所作，头戴宝冠，装饰华美，袒上身，呈 S 形，腰部细瘦极有力度，小腹富有弹性感，肩搭帔帛，质地轻薄，下着裙，裙纹流畅，下为仰覆莲束腰莲座，品相完美。

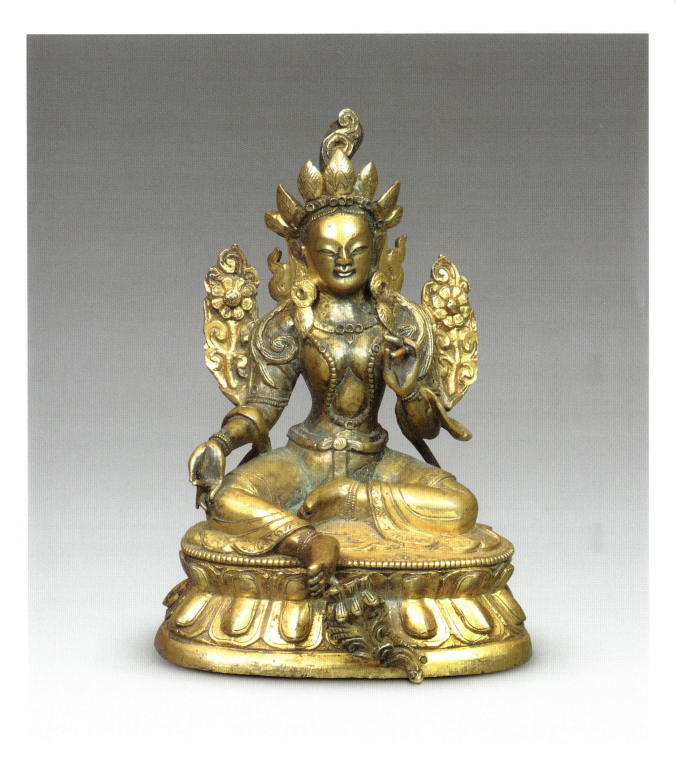

73 铜绿度母像

清

高 12 厘米

珠海市博物馆藏

此像左手拿莲花，右手作与愿印；左腿单盘，右腿向下舒展；脚踏在一朵莲花上。身躯动态优美，金色和做工均为上乘，是内蒙古风格造像。

74　铜绿度母像

　　清

　　高 14.2 厘米

　　新会区博物馆藏

　　此像左手拿莲花，右手作与愿印；左腿单盘，右腿向下舒展；脚踏在一朵莲花上，身躯动态优美。铜质呈紫红色，面部涂金，然后描绘五官，从铜质和高旋纹莲花座造型分析，应该是西藏地区模仿东印度佛像风格制作的造像。

75 铜鎏金米拉日巴像

清中期

高 15 厘米

清远市博物馆藏

米拉日巴是后藏贡塘人（1040-1123年），他为了修行教法曾在山洞中苦修九年，通过唱歌来招收弟子，被尊为噶举派的创始人之一。

此像披着长发，大耳环，上身袒露，左手捧宝瓶，右手放在腮旁，手势富有表情，象征着正在唱歌，面部洋溢着乐观天真的情绪。莲花台座上搭兽皮，比喻他在山中修行。表情写实生动，体态优美，做工精细，金色尚好，是清代中期内蒙古风格佛像。

76　铜鎏金八臂十一面观音像

清中晚期

高 15.2 厘米

广东省博物馆藏

　　佛经上说观音有六种，即马头观音、千手观音、圣观音、十一面观音、准提观音、如意轮观音，合称六观音。

　　十一面观音的十一种面相，分为五层。第一层的脸有三面，主尊面容慈悲相。第二层也有三面，主尊是悲哀相。第三层脸微笑相。第四层是单面，成大怒明王相，头上又有一阿弥陀佛像（称为顶严），是阿弥陀佛的化身，为观音的本来面目。

　　此像为八臂十一面观音，主臂双手合十，其余六臂饰臂钏、手镯等，手中持物失落，左肩上搭仁兽皮，袒露上身，饰项圈、璎珞，帔帛上扬，制作工艺复杂，金色完美。是内蒙古风格造像。

77 铜鎏金宗喀巴像

清

高 9.6 厘米

广东省博物馆藏

宗喀巴（1357-1419 年）是青海湟中县人，藏语称湟中为"宗喀"，"巴"是藏语的语尾，"宗喀巴"意思就是宗喀一代的圣人，这也是他成为名僧后人们对他的尊称。

宗喀巴头戴黄色的尖顶帽，双手作转法轮印，从双手生有两茎莲花，花朵开在左右肩膀上，莲花右边生有经卷或梵荚，左边莲花中生有一支宝剑，和文殊菩萨的标识一样，据说宗喀巴是文殊菩萨转生来的。

此像工艺精致，造像匀称，从台座的莲瓣形式看，应是清中期内蒙古风格造像。

78 铜鎏金寿星老像

清

高 13 厘米

广东省博物馆藏

寿星老是民间福寿的象征，此像额头高显，长髯，面目祥和，右手持宝珠，倚坐在梅花鹿背上，梅花鹿嘴中衔灵芝。老人、宝珠、鹿和灵芝仙药象征着福禄寿喜。此像做工精致，寓意吉祥，是研究清代民俗的宝贵资料。

79 铜鎏金释迦佛像

清晚期

高 13.5 厘米

广东省博物馆藏

　　此像高肉髻，微颔首，面部涂金粉，身着袒右肩大衣，双手做"降魔印"，身躯轮廓分明，大衣不鎏金，上嵌铜丝花纹，虽是铜铸工艺，却色彩丰富，制作精美，具有很高的艺术性，莲花座早年失落。是西藏风格造像。

家具　杂项

1　银錾花鸳鸯海棠形杯

唐

长25.3、宽11、高3.9厘米

广东省博物馆藏

　　银质镀金。四瓣花口形杯。口沿卷,杯内壁由上至下錾刻四重花纹,口沿饰珍珠底子花瓣纹一周。杯的腹部饰两圈辫纹,杯底刻一周如意云头,其内珍珠底子上錾鸳鸯一对,鸳鸯头目相对,双翅展飞,有如比翼双飞。杯的底为椭圆形圈足,足内平底。

2 犀角树头杯

明

口径 11、底径 4.7、高 7 厘米

东莞市博物馆藏

亚洲犀角。杯利用犀角的自然形态，雕刻成树头形，杯身浮雕灵芝和螭纹，螭攀伏在杯的口沿上，口咬杯沿，身体紧贴杯身。杯近底部浮雕一灵芝。整件器物雕工古朴，不见刀痕，惜边缘被磨掉做药用。

3 犀角雕夔龙纹螭耳兽足兕觥

明

宽 13.5、高 7.9 厘米

广东省博物馆藏

觥呈椭圆形。敞口，凹底，觥的外壁镂空浮雕一只攀爬的蟠螭，螭前足攀扶杯沿，口紧咬杯边，扭动的身躯伏于杯身恰到好处地作杯柄。杯的口沿及中部雕饰回纹、夔龙纹一周，口沿内壁雕饰夔龙纹，圆雕四只兽吞足。

4　黄花梨嵌宝圆粉盒

明

口径 7、底径 5.5、高 4.2 厘米

广东省博物馆藏

海南降香黄檀质。盒由整木掏膛成圆形，子母口，圈足。盒身口沿出饰两条粗弦纹线。盒盖面嵌有凸出的
螭衔灵芝纹。螭体前足伸展，后肢呈"S"形，顺时针方向匍匐于盖面，头部似猫，独角毛发后披上飘，口中
衔一灵芝，双叉尾。螭纹为厚螺钿制作，灵芝为染成红色的寿山石所制。整体造型典雅，嵌螺钿纹饰细腻精致。

5 犀角随形杯

清

口径 15.9、高 6.9 厘米

广东省博物馆藏

杯以犀角自然形态雕成,通体光素无纹。琥珀红的自然光泽和肌里纹令角杯更加纯朴美观。

6 紫檀木印盒

清早期

长 4.5、宽 4.5、高 2.2 厘米

广东省博物馆藏

四方委角形,盒整木掏膛成四方形,盖面剔地浅浮雕一大一小双螭纹,两螭屈体,前足伸展,后肢弓步扭作"S"形,顺时针匍匐,大螭头似龙,独角,毛发后披上飘,三岔尾,口中衔一灵芝回首目视小螭,小螭头似猫,无角,双岔尾,口咬大螭的尾,两螭头尾相交,面面相对,似在嬉戏追逐。盒与盖身四面均浅浮雕兽面纹。方形浅圈足,底平。

7　犀角雕三螭纹杯

清早期

口径 15、高 8.5 厘米

广东省博物馆藏

　　杯口利用犀角的自然形态，镂通高浮雕三只蟠螭，一螭攀伏在杯的口沿上，螭独角，耸肩，分岔尾，前足扒抓、口咬杯沿，另二只螭则攀爬于杯身上，或用前爪抓上面的螭或口咬着上面螭，似乎在竞相爬上去的样子，镂空的双螭伏于杯腹可作杯柄用，杯身中部雕饰回纹地子、仿青铜兽面纹。束腰三角叶形足。此杯构思巧妙，螭纹躯体造型苍劲有力。

8　犀角雕梧桐叶形杯

清早期

宽 15.3、高 8.5 厘米

广东省博物馆藏

杯整体为折枝花形，椭圆杯口雕成叶形，杯身以镂通的折枝花枝作杯柄，枝叶浮通雕于杯身并伸展至足，镂通做足。

9　紫檀小杯（一对）

清后期

口径 5.8、底径 3.3、高 2.6 厘米

广东省博物馆藏

小叶紫檀。杯身由整木车挖而成，圈足侈口，口沿饰两条弦纹，杯身光素无纹。杯把为梅花梗形。

10　铜镀银錾花小水盂（一对）

清

口径 3、底径 3.2、高 4 厘米

广东省博物馆藏

白铜质，镀银。水盂为鼓形，带盖带勺。盖顶錾刻一朵盛开的牡丹，器物腹部也錾刻出牡丹纹饰，枝叶繁茂。器物口沿及底部錾刻弦纹及变形的盘肠纹。整体做工细腻精致，不失为一对文房佳器。

11 竹雕群仙祝寿山子

清早期

长 18.5、宽 13.5、高 38.5 厘米

广东省博物馆藏

  山子摆件以群仙贺寿为题材，采用了镂通高浮雕的技法，高崇山涧树木茂盛，山崖陡峭，亭、台、楼阁建筑隐现在山林、峭壁上。其间雕数十个人物，三五成群，或急促行走，或止步交谈，人群均朝着山顶一个方向而去。在山的顶端大平台上有众仙会集在此，他们昂首眺望，拱手迎候在山的最上方一人驾鹤（凤）由天而降。此竹雕摆件构图十分严谨，雕刻技术高超，刀工妍熟，更为值得一提的是，作者为增加雕塑内容的需要，以拼接黏合的方法，沿边和山顶做几处拼接，大大增加的内容创作的空间，使整个山子更雄大，颇具气势。

12　竹根圆雕太狮少狮戏球摆件

清中期

宽 11.5、高 10 厘米

广东省博物馆藏

圆雕摆件。狮子以竹根头雕成，狮子捧球伏卧，头大，眼大，宽鼻，张口露齿，长卷毛发。一只幼小的狮子攀伏在母狮的胸前，昂首望着母狮，似与母狮撒娇嬉戏。在狮的背腹下刻一方形朱文"封颖尚制"款印。

13 寿山石雕东方朔像

清早期

宽 6.5、高 8.5 厘米

广东省博物馆藏

寿山石，圆雕东方朔偷桃立像。立像利用寿山石巧色随形雕琢。老翁头微侧，长眉，须长至胸，满面笑容，弓背弯腰，双手执一束蟠桃伏于背上，一足立一足抬起似步云中。立足的底部镌竖式长方朱文篆书"锡钧"款印文。此作品以天然的石皮做老翁由头至膝的披衣，摆件配镂空山石红木座。整体造型生动写实，形象刻画栩栩如生。

14 竹雕芷岩款山水笔筒

清早期

口径 9、高 14.2 厘米

广东省博物馆藏

笔筒圆柱状。取一竹节随形雕制，以浅浮雕、线刻技法雕群山松林景象。山崖陡峭，苍松挺立。山崖壁上阴刻"芷岩制"款。笔筒雕工细腻，妍熟。

15 紫檀雕罗汉写经图笔筒

清中期

口径 15.3、高 16.4 厘米

广东省博物馆藏

紫檀木。圆柱形筒，平口，圈足，筒身微弧。筒身线刻罗汉诵经图。图的另一端草书铭"老莲无一可移情，越水吴山染不轻，来世不知何处去，佛天肯许再来生。辛卯八月，洪绶"，白文方印"章侯"、朱文方印"陈洪绶印"。璧形底，底平，中镌篆书"画露轩珍玩"朱文方印。

16　紫檀扶手椅

清

高 104.5 厘米

广东省博物馆藏

紫檀木。扶手、鹅脖为曲线，扶手出挑。后背搭脑不出头，中间依人的头颈形做微凹处理。背板呈 "S" 形微弯。近搭脑处镶圆形黄杨木隶书 "海山仙馆" 铭嵌饰，座前宽后窄，宽边，彭腿，四兽蹄足。此扶手椅造型端庄秀雅，搭脑和座板从人体学的角度充分考虑坐椅的美观与舒适，在搭脑中间和座板的前端均做微弧的处理。这样人们在使用椅子的时候会有久坐不累的舒适感。

17 紫檀木五围屏罗汉床

清　乾隆

长 200、宽 111、高 128 厘米

广东省博物馆藏

紫檀木。正面三插屏一高两低呈"品"字形，两侧插屏做长方形出头曲尺状。五块插屏正、背两面均雕相同的装饰图纹，围板平面由外至内渐低做三层委角形开光，板心委角开光圆形框双螭纹居中，两条草花龙头下

尾上，躯体扭动围绕。板背委角开光，圆形框双螭纹居中，雕两只蝙蝠和祥云围绕，两侧屏雕拐回纹出头。束腰床架，鱼肚开光，居中装云头卡子，方柱彭腿，内翻马蹄足，脚饰夔龙纹、回纹，牙条以西洋卷草纹装饰。床面夹台湾草席，床背面用棕绳编织托底，床架底部两条直撑。四条斜撑。此罗汉床用材大，屏板、足框均整料制作。装饰图纹均以剔地浅浮雕的技法雕饰而成。整件东西雕工极精致，线条工整流畅。用料讲究、大气，是一件非常难得紫檀家具。

18　象牙笏(三件)

明

长 53、42、45 厘米

广东省博物馆藏

笏呈片状长条形，微弧。

19 象牙笏

明

长 50.2、宽 7.1、厚 0.5 厘米

广东省博物馆藏

笏板呈长条形，片状，微弧。笏板正面针刻铭（铭后刻）："十三都田西君住村前居士王法隆，儿各于兴□□寅年十月初六日，建因□经□钱嘉□牙□□入于，普庆雷坛，福寿长人天 修奉，日谨□，康熙已末夏十一月二五"。

20　象牙雕纸笺刀

清

长 25.6、宽 2.2 厘米

广东省博物馆藏

象牙褐黄。信笺刀做长条片状，刀做刀身和刀柄两节，刀尖弧圆，刀柄尾端做成如意云头状，刀身与柄间阴刻莲瓣纹装饰。

21　象牙浮雕荷花纹腰牌

明晚期

广东省博物馆藏

长 5、宽 3.4、厚 0.8 厘米

象牙质，长方形，正反面均减地浅浮雕荷花水草纹饰。水草茂盛，荷叶田田，其间点缀着几多含苞待放的荷花，腰牌上部还雕有浮云，描绘了一幅夏日荷塘的清凉景象。顶部对穿象鼻孔，以穿绳便于携带。腰牌通身颜色变红，因缺水而有裂纹。

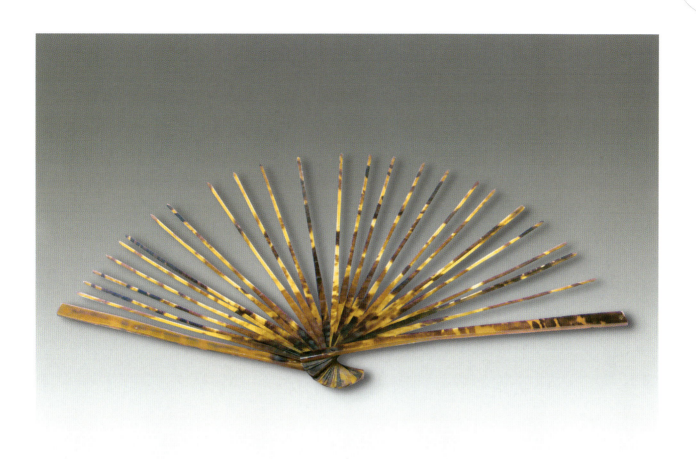

22 玳瑁扇骨

清

长 21 厘米

广东省博物馆藏

整个扇骨用玳瑁做成，边、骨共26条。玳瑁色红、黄、褐相间，半透明。

23 黄杨木雕 "东方朔偷桃" 图盒

清晚期

长 6.6、宽 3.9、高 2.2 厘米

广东省博物馆藏

黄杨木盒。盒为银锭形。盖边做绞丝修饰, 冰梅纹框边, 框内鱼子纹底子上剔地浅浮雕 "携琴访友图", 盖里阴刻楷书 "北山李枝荣记, 善斋吴必馀铁笔", 双框朱文方印 "余口", 盒身上下对称雕回纹、连珠纹一周, 其间雕草花纹。盒的底部竹节、回纹边框, 框内鱼子纹底子上浅浮雕山石、桃树, 一老翁长须至胸, 笑容可掬, 身、膝微弯曲, 一脚抬至胸前, 双手似在提鞋, 像是准备攀岩折桃, 地上放着系有葫芦的拐杖, 雕成 "东方朔偷桃" 的故事。盒身一侧上端钻有一穿孔, 可作系带用。

24 铜军曲候印

西汉

高 1.7、印面宽 2.4 厘米

鹤山市博物馆藏

西汉官印。铜质，鼻纽。《后汉书·百官志》载，将军属官部下有曲，曲有军候一人，比六百石。

印章出现于春秋时期，战国大为发展，汉代发展至顶峰。判断印章时代的主要依据是印文内容及其风格，其次是印体和纽式。

25 铜傅修德印

汉

高 3、印面宽 1.8 厘米

鹤山市博物馆藏

铜质私印，瓦纽。印文圆劲。

26　铜李妗之印

西汉

高 1.9、印面宽 2.2 厘米

中山市博物馆藏

银质私印。龟纽，龟刻画细腻，形态逼真。印台较低。印文圆劲，据"之印"二字风格分析，当为西汉印。

27　铜大理卫左千户所管军印

明　洪武

高 9、印面长 7.4、宽 7.2 厘米

广东省博物馆藏

铜质，直纽。印面九叠篆阳文"大理卫左千户所管军印"，印背刻楷书款"大理卫左千户所管军印、洪武十六年、礼部造"。

28　铜澜沧卫军民指挥使司前千户所百户印

明　洪武

高 8.3、印面宽 7.2 厘米

肇庆市博物馆藏

　　铜质，直纽。印面九叠篆阳文"澜沧卫军民指挥使司前千户所百户印"。印背刻楷书款"澜沧卫军民指挥使司前千户所百户印、洪武二十九年正月日、礼部造"。

29　木郑王分府戳记

清晚期

高 8.6、印面宽 4.3 厘米

肇庆市博物馆藏

木质，直纽。印面阳文篆书"郑王分府戳记"。

30 田黄薄意雕南国蕉林月夜图印

清晚期

宽5、高4.5厘米

广东省博物馆藏

田黄石。色栗黄。随形印，印周身薄意浅雕蕉林庭园景色，园中雕芭蕉、山石、竹丛、竹篱、楼阁等，烟雾缭绕 中庭园的远处的楼阁里有两人在对弈，蕉林中圆形漏窗边坐着一女眷闲情逸致的抚琴弄乐，井然一幅"南国蕉林月夜图"。印面阳文镌篆书印文"风月无边庭草支翠"。

31 白玉台纽印

清

长2.3、宽2.3、高1.6厘米

广东省博物馆藏

白玉。玉质莹润，有黑色杂质。覆斗形印，印面镌白文"王万大"。

32 木雕面具

清

长 24.7、宽 18.5、厚 8.3 厘米

广东省博物馆藏

　　整木制做，正面呈弧状凸起，背面弧凹。人面像，面形稍长，长粗眉，大眼，高鼻，大嘴突显，大眼内凹，额头上几道斜刀刻出皱纹。青绿为主色，红、土黄色做肌肤、眼、眉、唇的修饰。面具立体感强。

33 玛瑙鼻烟壶

清

高 5~8 厘米

五件一组，尺寸不一。玛瑙质，微透明，造型呈扁圆形和扁长方形，小圆口，短颈，腹部两面光素无纹，底部为矮圈足，其中二件肩部两侧浮雕辅首衔环纹。

34 玛瑙鼻烟壶

清

高 5~8 厘米

四件一组，尺寸不一。玛瑙质，造型呈扁圆形和扁长方形，小圆口，短颈，腹部两面光素无纹，其中一件肩部两侧浮雕辅首纹。

图33、34 各件器物分别藏于广东博物馆、韶关市博物馆、汕头市博物馆、肇庆市博物馆、东莞市博物馆。

34 如意池陶砚

清

长 10、宽 6.5、厚 1.5 厘米

广东省博物馆藏

红陶。长方形，平底，圆形砚堂，如意形砚池，砚堂与边线平齐，砚堂边缘隐约起圆形边线。砚四边有边栏。

35 门字砚

清

长 10、宽 6.5、厚 1.5 厘米

广东省博物馆藏

红陶。长方形，平底，圆形砚堂，砚面呈"门"字形，顺水淌池。砚堂边缘隐约起圆形边线。砚四边有边栏。

后　记

　　这是一本记录改革开放以来，广东各执法部门依据国家保护文物的政令法规，在打击文物走私犯罪活动过程中，收缴和截回濒将流失的文物的图录。这些文物已按规定拨交省内八十多个国有收藏单位收藏，本书收录的，是我们从中选出来的精品。

　　参加这本图录编辑工作的广东省文物鉴定站工作人员有：邹伟初、李遇春、潘鸣皋、何锋、林锐、杨穗敏、吴生道、赵敏、张亮；广东省博物馆工作人员：焦大明、李蔚、孔粤华、林亚兴等同志。其中负责书法和古籍拣选的是李遇春、林锐同志，负责陶瓷拣选的是潘鸣皋同志。杨穗敏、孔粤华同志为图录中陶瓷器撰写了释文，杨穗敏同志为陶瓷写了点评，李蔚同志为图录中的杂项撰写了释文，吴生道、林亚兴同志为图录中的铜器撰写了释文，李遇春同志为图录中的书画和古籍撰写了释文，谢海山、潘鸣皋同志对图录中的陶瓷释文进行了校核。

　　在图录的编辑过程中，得到了广东省博物馆、广州海关、珠海市博物馆、斗门区博物馆、汕头市博物馆、佛山市博物馆、顺德区博物馆、三水区博物馆、韶关市博物馆、东莞市博物馆、鸦片战争博物馆、中山市博物馆、江门市博物馆、新会区博物馆、开平市博物馆、鹤山市博物馆、湛江市博物馆、肇庆市博物馆、德庆县博物馆、高要市博物馆、封开县博物馆、清远市博物馆等单位的热情帮助，在此谨表衷心的感谢！

编　者

2008 年 6 月